聖地旅順と帝国の半世紀

近代日本の磁場をたどる

渡辺浩平

白水社

聖地旅順と帝国の半世紀——近代日本の磁場をたどる

装幀＝コバヤシタケシ
組版＝鈴木さゆみ

聖地旅順と帝国の半世紀†目次

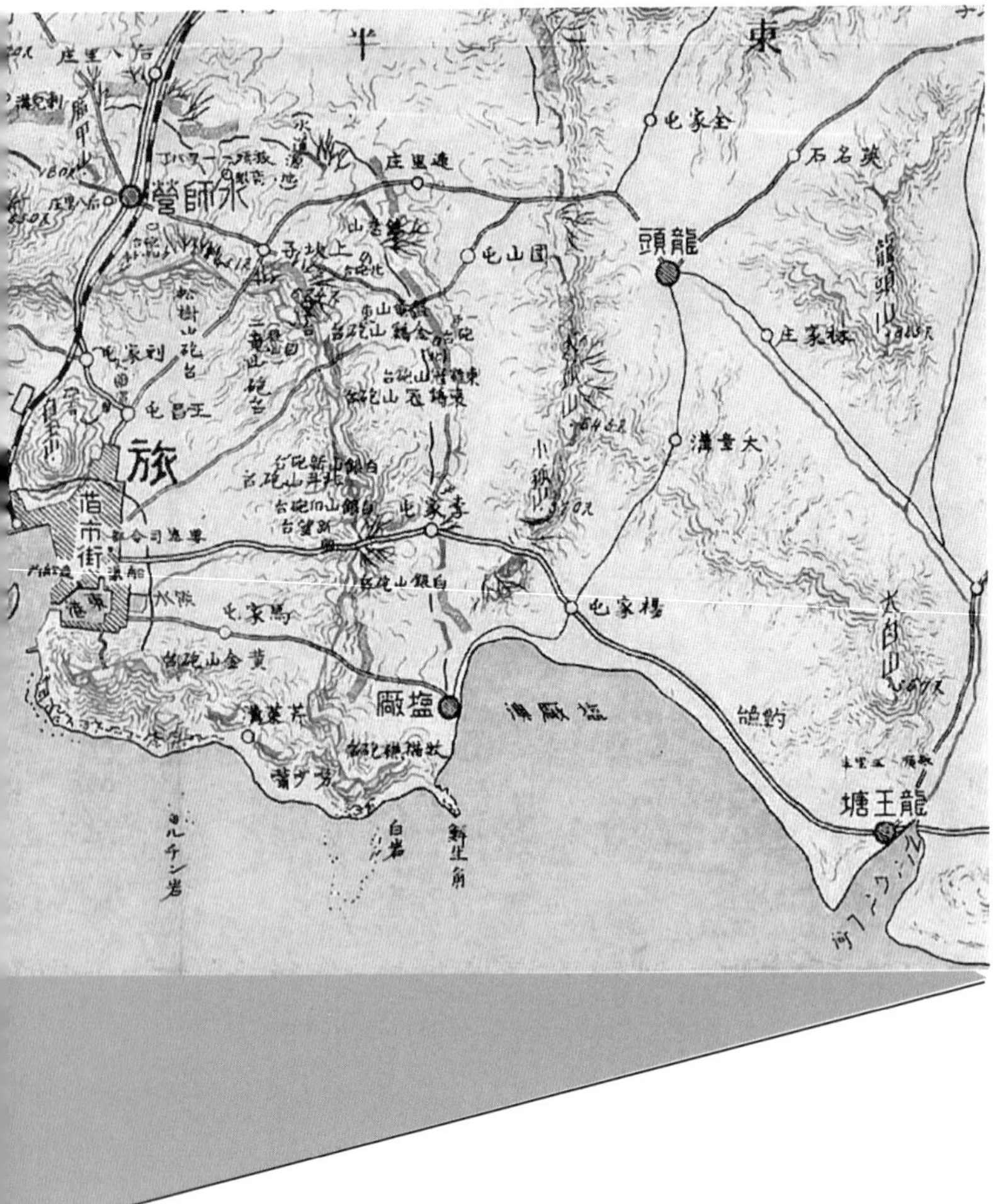

水師営
龍頭
龍頭山
塩廠
龍王塘
李家屯
楊家屯
馬家屯
黄金山砲台
全家屯
団山屯
林家庄
白銀山砲台
白岩

「旅順口要塞戦要地図」実業之日本社、明治 38 年

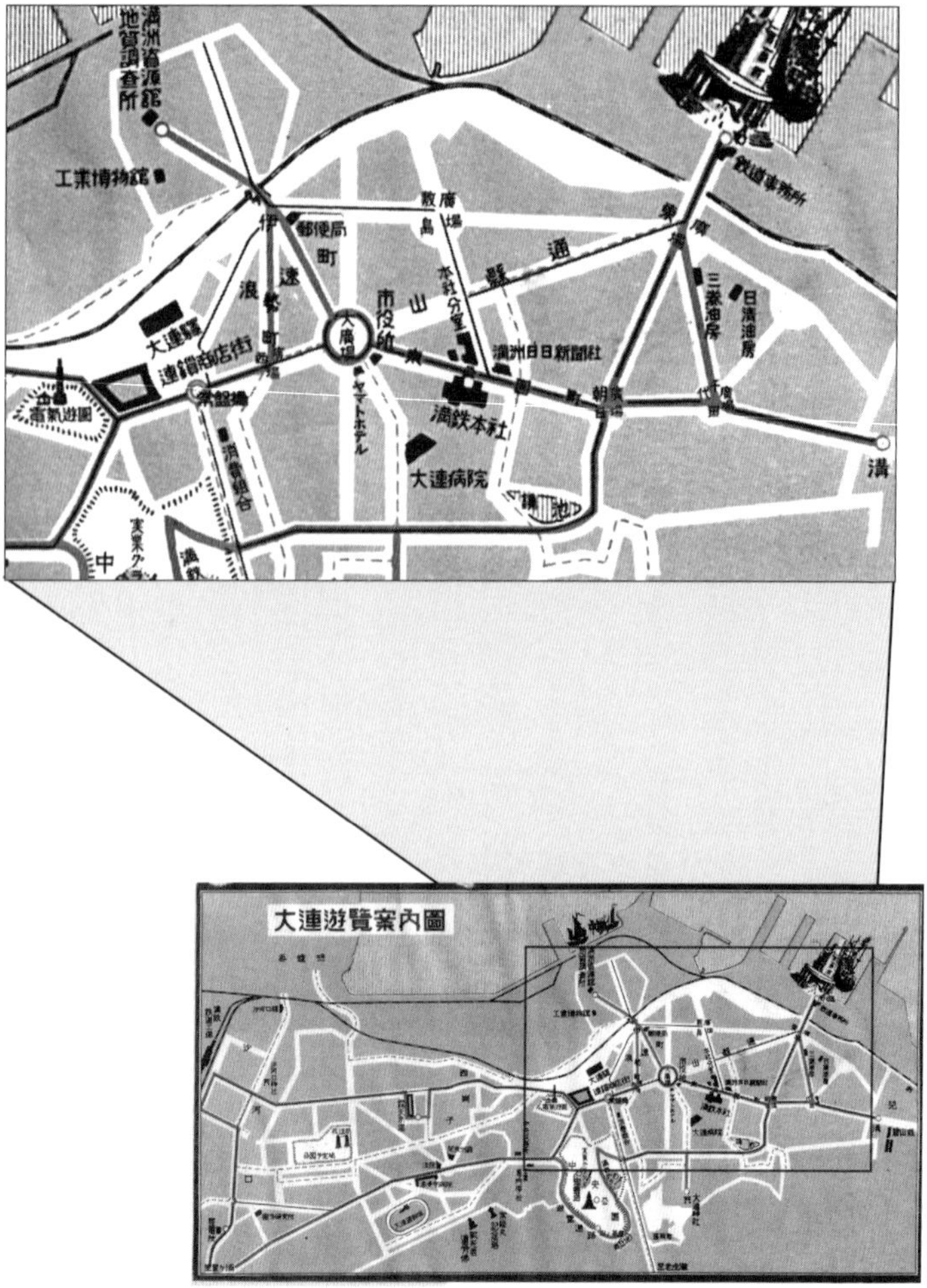

「大連遊覧案内図」満鉄・鉄道総局『大連』昭和 12 年

はしがき

「旅順」という地名を眼にしてまず思い起こされるのは、日露戦争となろう。本書を手にとられた方も、そのような連想のもとに、表紙を開かれたのではないか。

旅順は中国遼東半島の突端にある港湾都市だ。日露戦争で激戦があった場所として記憶されている。日本はその旅順攻囲戦と日本海海戦に勝利し、帝政ロシアと講和条約を結ぶこととなった。そこで得たものは、旅順をふくむ関東州と南満洲の鉄道などの権益だった。それが、日本の大陸政策の出発点となった。

旅順の中心部に白玉山という山がある。標高百三十メートルほどの小山で、その頂に塔がそびえる。現在は白玉山塔と呼ばれているその塔は、日本が建てたものだ。日露戦争の戦没者追悼のために、ポーツマス条約から四年目の一九〇九(明治四十二)年に完成させたのである。発案者は乃木希典と東郷平八郎である。表忠塔と名付けられた。

塔の形状は、慰霊をこめてローソクを模し、尖端は砲弾をかたどっている。塔内に入り、螺旋階段をのぼって展望台に出ると、旅順港を一望におさめることができる。展望台の欄干には、陸軍の記章である赤い星・五芒星が埋め込まれている。

旅順には、他にもいくつか日露戦争を記念する建造物がある。二〇三高地の頂上に建つ記念碑もそのひとつだ。銃弾の形をしたその塔には、乃木希典が揮毫した「爾霊山《にれいさん》」の文字が刻まれている。関東軍司令部が置かれた建物や、清朝の王家・粛親王善耆《しゅくしんのうぜんき》が暮らした屋敷ものこっている。粛親王は、清朝復辟《ふくへき》、つまり大清帝国の再興を夢見てこの地に没した。善耆の第十四王女、のちの川島芳子もその家で育った。清朝最後の皇帝・溥儀が関東軍参謀・服部卓四郎から「満洲国」執政への就任をせまられたのは、その粛親王府でのことだ。

旅順は一九〇五（明治三十八）年から一九四五（昭和二十）年まで四十年の間、日本の租借地であり、その記憶が街の随所に刻み付けられているのである。

他方、旅順にはソヴィエト社会主義共和国連邦によって建てられた記念碑もある。そのひとつがソ連軍勝利記念塔だ。麦の穂があしらわれた赤い星を尖塔にいただく。ソ連軍の旅順進駐は一九四五年八月二十二日のことだが、一九五五年の撤収の際に、対日戦争勝利を記念して建造されたのである。この地は、一九四五年から一九五五年の十年間、ソ連が統治した。

本書の目的は、一九〇五年から一九五五年の半世紀にわたる旅順の歴史をたどることにある。象徴的な言い方をすると、表忠塔の展望台にある「赤い星」と、ソ連軍勝利記念塔の「赤い星」の間には、いかなる歴史があったのか、それを探ることを目的とする。

旅順はかつて日本の「聖地」であった。だが、日露戦争後、旅順の聖地化が一直線に進んだわけではない。そこには紆余曲折があり、変化する国内情勢と複雑な対外関係があった。同時に、移り行く時代から、取りのこされていく人々も数多《あまた》おり、蹂躙されるもののも少なくなかった。

この本のひとつの特徴は、日露戦争を戦った将兵の視点を通して、その曲がりくねった道をたどることにある。その一人に水野《みずの》廣徳《ひろのり》がいる。

水野廣徳は旅順海戦と日本海海戦に参戦し、日露戦後に二冊の日露海戦記を出版する。その後、欧州で第一次世界大戦に接して、思想に変化が生じ、軍備撤廃論を主張することとなる。水野の眼を通した四十年はこの本のもうひとつの物語となる。旅順史が主旋律とするならば、水野廣徳の日露戦後は副旋律となると言えるだろう。

白玉山搭上の五芒星（筆者撮影）

旅順によって日本は国家発展の礎を築き、その延長線上にある中国大陸での権益拡大によって、破局を迎えることとなった。その蛇行した道を、いくつかの場所に寄りつつ、歩みなおしてみることが、この本の目指すところだ。

寄り道をする先は、日露戦後の傷病兵（三章）、満鉄の街・大連（四章）、水野廣徳が見た第一次世界大戦（五章）、満蒙独立と旅順（七章）、水野廣徳と石原莞爾が夢想する日米戦争（八章）、といったテーマがならぶ。そこから､東アジアの近代史における「旅順」という問題を、多少幅をもって眺めてみたいのである。

グローバルヒストリー、あるいは、世界史と日本史をつなぐ「歴史総合」の一事例として、旅順をとりあげた、とも言える。但し、その時代に漂う心理を描く関係上、資料にはフィクションも使用する。そこが通常の歴史書とは異なる点だ。

「聖地旅順」の完成は、一九四四（昭和十九）年十月一日のことである。その日に関東神宮の鎮座祭がおこなわれたのだ。関東神宮は明治神宮と同様に、内苑と外苑をもち、内苑は明治神宮のほぼ三分の二の敷地を有する官幣大社として建造された。しかし、この「大陸最高の神域」は一年も経ずに、その歴史を閉じることとなる。

副題にある「磁場」とは、近代日本を照らし出す事象、磁力を発する場、という意味で使用している。関東神宮を語る九章では、そもそも、植民地や租借地といった外地に神社を創建するとはいかなることか、その背後にある思想とその変容を振り返りながら、神宮創建の経緯を確認しておきたい。そのこともまた、近代日本の蹉跌と無関係ではないからである。

ひとつことわっておかねばならないことがある。「聖地」という言葉の含意についてだ。その語を私は、日本の立場からのみ使っているわけではない。聖地は「特別な場所」と言い換えることができるだろう。旅順は、日本のみならず、帝政ロシア、ついでソ連においても特別な場所だったし、中国の国民政府にとっても特別な場所だった。さらに、朝鮮民族にとっても特別な場所だった。その特別な場所であった、ということが、「戦後」が形成される過程において、小さくない意味をもってくるのである。ここで言う戦後とは、ヤルタ・ポツダム体制であり、さらに、サンフランシスコ講和条約と同時に誕生した日米安全保障体制だ。一九四九年に成立した中華人民共和国にとっては、日米安全保障条約によって、旅順は新たな特別な場所となった。

ここまで読まれた読者の中には、ひとつの疑問をもたれる方もいるだろう。なぜ旅順には、侵略国・日本が建てた記念碑がのこっているのか。ローズヴェルトとスターリンによるヤルタの秘密協定で、ソ連に旅順の租借権が与えられることを知った蔣介石は、ソ連大使に、租借地といった類の名称は国家の恥辱だ、と述べている。「旅大回収」、つまり、旅順と大連の返還は、第一次世界大戦を経て勃興した中国における民族運動の主要な主張だった。ではなぜ、そのような地に、日露戦争の記念碑がのこされたのであろうか。

私が「聖地旅順」という語に接したのは、一九三〇年代に旅順市役所が発行した観光案内パンフレットだった。その小冊子『聖地旅順』には、表忠塔など日露戦争の戦蹟が紹介され、戦蹟観光のための宿泊施設・聖地会館の料金表や鉄道の時刻表が掲載されていた。聖地会館は白玉山の麓にあった。昭和初期、『聖地旅順』を手に、かつての戦いの史蹟をめぐる観光客は少なくなかったことだろう。その見出しには、「いざ旅順へ」とうたい、戦蹟巡礼へといざなう。

では私たちも、そろそろ旅立とうではないか。いざ、旅順へ――

なお、引用は一部表記をあらため、ルビをふった。

第一章　仰ぎ見る表忠塔

「旅順旧市街ヨリ白玉山ヲ望ム」『旅順戦跡ゑはがき』

旅順駅（田村宏嗣撮影）

旅順を訪ねたのは二〇一三年三月のことだった。仕事で数日間大連に滞在し、大連を離れる日に、タクシーで旅順をまわった。曇天の寒い日だった。その数年前に旅順は海外の旅行者にも門戸を開いていた。旅順は一九五五年のソ連軍撤退後も、中華人民共和国の軍港であり、外国人が立ち入ることができなかったのだ。

二〇三高地から南を望むと、靄のむこうに旅順港が見えた。白玉山塔、つまり表忠塔については、予備知識を持ち合わせていなかった。入口横の由来には、二万人あまりの中国人労働者によってこの塔が完成した、と書かれている。白玉山塔という名が付けられたのは、一九八六年のことだという。入り口の「表忠塔」という文字は消されていたが、展望台には五芒星がのこっていた。港口の狭さは肉眼でも確認できる。すぐ右に老虎尾半島が横たわっていた。

のちに戦前の旅順戦蹟ガイドブック『旅順戦蹟案内の記』(上田恭輔)で知ったことだが、展望台の山側にまわると、日露戦争の戦場が見渡せるという。「渤海と関東州の全景は挙げて眼底に映じ、言語に絶する雄大なパノラマである」。西の渤海、さらに、関東州が望見できるというのだ。なお、関東州とは、大連、そしてその北の金州をふくむ遼東半島南部のことで、日露戦争後、日本が租借した地域を指す。関東とは山海関の東という意味だ。

お恥ずかしい話だが、私は高いところが苦手なので、階段から上半身だけ身を乗り出して、海側にカメラを向けて幾枚かシャッターを切り、足早に降りてきてしまった。見学者は私一人、ゆっくりと眺望を楽しむ心の余裕がなかったのだ。

外に出て、再度、塔の全景を眺めると、尋常ならざる威圧感でせまってきた。「凡そ日本人の築造した営造物中、旅順の表忠塔ほど規模の宏大にして、設計の偉観あるものは古今稀なり」。前掲書は塔の威容をそのように語る。

南に港口を開いた旅順港には、北から龍河が流れこみ、川の東が旧市街、西が新市街だ。旧市街の創建は清末にさかのぼり、新市街はロシアによってつくられた。帝政ロシアは、日清戦争で遼東半島が日本へ割譲されたのちに、独仏とともに干渉し、その後、旅順を租借地とした。ロシアは港の東側を軍港にし、北につらなる小山には堡塁《ほうるい》を置いた。港のすぐ北にそびえる白玉山は、ペレペーリナヤ山と名付けられ、そこにも砲台が置かれた。遼東半島の突端にある旅順は、ウラジオストクとならぶ極東の軍事拠点となり、西のクリミア半島のセヴァストポリに匹敵する城塞となった。

日露戦争における旅順戦は、当初海軍による港口をめぐる戦いとなり、ロシアはそこで戦死した将兵をペレペーリナヤ山に埋葬した。日露戦後、日本はその地を霊地として引き継いだのだ。停戦後、戦場にあった遺体は火葬にされ、一部の遺骨は郷里に運ばれたが、おびただしい量の骨がのこった。戦場掃除隊により収集され、一旦、白玉山の西麓の仮納骨堂におさめられ、納骨祠の完成をまって収容されたのである。納骨式がおこなわれたのは一九〇七（明治四十）年五月のことだった。その二年後に納骨祠の南側に表忠塔が建造される。なお、納骨祠は人民共和国建国後に撤去されている。

塔の石材は山口県の徳山から運んだ花崗岩と旅順港の海底に沈んだ日本海軍の閉塞船を引き揚げ、

そこに搭載されていた花崗岩が用いられた。前者は長州出身の乃木に、後者は東郷に由来する、ということなのであろう。

勝典の霊をともなって

旅順表忠塔の除幕式が開かれたのは一九〇九（明治四十二）年十一月二十八日のことだった。式典には、伏見宮貞愛《ふしみのみやさだなる》、北白川宮輝久《きたしらかわのみやてるひさ》が参加し、参列者はおおよそ千三百人。乃木希典も東郷平八郎も参列した。乃木はその時、妻・静子をともなって、長男・勝典《かつすけ》、次男・保典《やすすけ》の戦没地をまわっている。

勝典、保典ともに日露戦争に参加し、勝典は、希典が宇品を出航する直前に、金山の戦いで負傷し、翌日一九〇四（明治三十七）年五月二十七日に他界する。保典は同年十一月三十日に二〇三高地で戦死した。乃木家は二児を亡くしたことで世継ぎが絶えた。乃木は自らがひきいた第三軍の旅順戦で、二万余の将兵を犠牲にしたが、長男、次男の戦死で、乃木への感情は深まることとなった。「一人息子と泣いてはすまぬ、二人なくした人もある」という俗謡にその心理があらわれている。

乃木希典については、多くの書籍があるので、ここでは除幕式までの史実を記して、「乃木にとっての旅順」を確認するにとどめたい。乃木第三軍に従軍した米国の新聞記者、スタンレー・ウォシュバン（『乃木大将と日本人』）によれば、奉天会戦を終えた第三軍は、明るさに満ちていたという。司令部のあった法庫門で催された相撲大会では、名勝負に「呵々として大笑」する乃木が描かれている。

第七師団の将校の宴席にまねかれた折は、「一同の士気すこぶる旺盛、戦熱燃ゆるばかり」と記している。第七師団の将校は、ウォシュバンら海外の記者に対して、「自分たちに従軍せよ」とさそった。

大迫尚敏《おおさこなおはる》師団長をはじめとする第七師団は、旅順陥落から奉天会戦に至る自らの軍功を自負する気持ちが強かったのだろう。第七師団が「二〇三高地で雷名を轟かした」と記している。

しかし、九月になって講和の内容が伝わると、司令部は沈鬱な空気に包まれる。賠償金はとれず、領土は樺太の南半分、というものだったからだ。「小村（寿太郎）大使は帰朝すると暗殺されるだろう」とささやく将校もいた。乃木は「人を遠ざけて蟄居し、幕僚は将軍の急病を発表した」。講和がせまり、ウォシュバンら記者を慰労する宴会の案内が届いたが、そこには、乃木の欠席が記されていた。しかし、宴席の最後に、乃木は突然あらわれ、乾杯の挨拶をする。「覆いがたい憂愁」をたたえていた。

乃木が法庫門をたったのは、海外の記者が去って数か月後の十二月二十九日のことだった。元旦に旅順入りし、数日間、各砲台を巡視した。大連を経て宇品へ、新橋駅に着いたのは一月十四日のことだ。その日の新橋駅は乃木の凱旋を待つ人であふれていた。その数、数千人。ホームの先で、各大臣に衆議院、貴族院の両議長、陸海軍の将軍が到着を待った。日比谷公園では花火があがった。

　是の日官民有志の希典の凱旋を新橋及び沿道に迎ふるもの頗る多く、前後其の比を見ず、蓋《けだ》し希典が人と為りを敬慕し、其の旅順攻撃の困難を思ひ、且二児を戦場に併せ失ひし苦衷を察し、特に同情を表するもの多きに因るなり。

（『明治天皇紀』第十一巻）

乃木の帰還は、他の将軍と異なるものとなった。侍従武官が迎え、ただちに参内した。そこで述べられたのが「復命書」である。復命書には第三軍司令官の命を受けてから、旅順攻囲戦、その後の北進、奉天会戦、停戦までの過程が述べられている。最後のくだりを引く。

本軍ノ作戦目的ヲ達スルヲ得タルハ　陛下ノ御稜威《みいつ》ト上級統帥部ノ指導並ニ友軍協力トニ頼ル。／而《しこう》シテ作戦十六箇月間我将卒ノ常ニ勁敵《けいてき》ト健闘シ、忠勇義烈死ヲ視ルコト帰スルガ如ク、弾ニ斃《たお》レ剣ニ殪ルルモノ皆　陛下ノ萬歳ヲ喚呼シ、欣然トシテ瞑目シタルハ臣之ヲ伏奏《ふくそう》セザラント欲スルモ能ハズ。然ルニ斯クノ如キ忠勇ノ将卒ヲ以テシテ、旅順ノ攻城ニハ半歳ノ長月日ヲ要シ、多大ノ犠牲ヲ供シ、奉天附近ノ会戦ニハ、攻撃力ノ欠乏ニ因リ退路遮断ノ任務ヲ全ウスルニ至ラズ、又敵騎大集団ノ我ガ左側背ニ行動スルニ当リ、此ヲ撃摧《げきさい》スルノ好機ヲ獲ザリシハ、臣ガ終生ノ遺憾ニシテ、恐懼《きょうく》措ク能ハザル所ナリ。／今ヤ闕下《けっか》ニ凱旋シ、戦況ヲ伏奏スルノ寵遇《ちょうぐう》ヲ担ヒ、恭シク部下将卒ト共ニ、天恩ノ優渥《ゆうあく》ナルヲ拝シ、顧ミテ戦死病没者ニ此光栄ヲ分ツ能ハザルヲ傷ム。

（「復命書」『乃木希典全集』下）

この復命書は、翌々日の官報に掲載されたが、「攻撃力ノ欠乏ニ因リ」は原文が削られた。「国民をして兵力の不足をしらしめざらんとする」意図による（『明治天皇紀』第十一巻）。日露戦争が辛勝であった事実は隠されていたのである。

この時の乃木と天皇との会話はよく知られた逸話なのでご存じの方も多いだろう。乃木は後段のくだりに至ると、嗚咽し、言葉が途切れた。読み上げた後、「切腹して罪を謝し奉りたい」と求めた。天皇は「卿もし死を願うならば、われの世を去りてのちにせよ」と返した。この言葉が大喪の日の自刃へとつながっていく、と解釈できる。

他方、このエピソードは、司馬遼太郎が言うところの煩わしい乃木神話（『坂の上の雲』あとがき四）へと道を開くものとも言えるが、それを語る以前に、彼の心根が読み取れる逸話でもあるだろう。旅順の攻略に長い月日を費やしたこと、奉天会戦では好機を逃したことが率直に語られている。「弾に斃れ剣に殪るるもの皆、陛下の萬歳を喚呼し、欣然として瞑目した」という言葉を、当の大元帥の前で語ることも、明治という時代の「武」を感じさせるものがある。最後の「顧みて戦死病没者に此光栄を分つ能はざるを傷む」という文言は、乃木の真率な気持ちなのではないか。

乃木は凱旋後、慰霊行事には参列したが、歓迎会への参加は断った。法庫門の司令部をたつ際に、以下の詩をつくっている。読み下し文のみ示す。

皇師百萬強虜を征し
野戦攻城屍山を作《な》す
愧《は》ず我れ何の顔《かんばせ》ありてか父老に看《まみえ》ん
凱歌今日幾人か還る

勝利の凱歌はみずからを愧じいらせるものであり、子を失った父老にあわせる顔がない、との思いがあった。

佐々木英昭『乃木希典』は、いわゆる「乃木神話」を読者に丸ごと提示する興味深い評伝だ。一般的に、功成り名を遂げた人物の伝記は、幾重にも装飾された被膜を剝がしてゆき、実像にせまっていくが、同書は、そのような手法をとっていない。後世に化粧を施されたであろう伝説や神話、著者の言うところの「乃木文学」を、その相違を指摘しつつ、被膜のままに読者に示しているのである。副題の「予は諸君の子弟を殺したり」という講演での一節もまた、先の復命書のくだりと同様に、広く知られたものであり、同書によれば、多くの乃木伝（乃木文学）で表現に異同を伴いながら引用されているという。

ただ、この言葉を、先のウォシュバンの記述とあわせて読むと、乃木の心持ちが多少とも理解できるように思えるのだ。法庫門での苦悩は、講和条約における戦果の乏しさにあった。日露戦争、特に旅順での勝利は多くの兵士の犠牲の上に成り立ったものだった。軍人であるところの乃木は、後者の責任は負うが、前者に関与することはできない。彼の憂愁は、そのような軍人の分に関係するものと言えるだろう。

旅順に関わる史実をもうひとつだけ記しておくこととする。乃木希典は、ポーツマス条約締結三年後の一九〇八（明治四一）年六月に旅順を訪れている。表忠塔除幕式の前年のことだ。旅順の北郊に小案子山という山があり、その東の麓にロシア軍の戦没者碑（旅順陣歿露軍将卒之碑）が建立され、その除幕式に参加するためだった。その地にはロシア人の共同墓地があり、そこに関東都督府陸軍部が慰霊碑を建てたのである。ニコライ二世は式典に、武官やロシア正教の聖職者を派遣した。日本からは乃木が参列した。

関東都督府とは、関東州を統治する行政府だ。日露戦後、日本は関東州に軍政となる総督府を置いたが、他国への配慮から、一九〇六年（明治三十九）年に民政となる都督府に改めた。しかし、その長はかわらず、陸軍大将の大島義昌だった。都督府陸軍部は、関東軍の前身である。関東総督の大島義昌は、第三師団長として日露戦争に出征し、戦後そのまま関東州の長をつとめた。

先の話となるが、関東軍の誕生は、一九一九（大正八）年四月のことで、関東都督府が関東庁と関東軍に分かれ創設されたものである。満洲事変までの関東軍の任務は、関東州の部隊の統率と南満洲鉄道の保護だった。一九三一（昭和六）年九月十八日に発生した満洲事変までの関東軍は、日露戦争での戦果の防衛という位置づけだったのである。

ロシア軍人の慰霊碑に話をもどすと、日本の要路にとって、慰霊の対象となるべき旅順にねむる霊は、日本の将卒のみではなかった、ということだ。有馬学『「国際化」の中の帝国日本』の冒頭には以下の話が紹介されている。奉天会戦後、内務省は各県に対して、戦没者の碑を建てる際は、「征露」という言葉を使わないよう通達を出した。同書は「ロシアは依然として日本の大陸政策にとって重要な、恐るべき相手であるという認識が存在し」ていた、と述べる。クレオソートでできた「忠勇征露丸」は市中で売られていたのだから、「征露」という言葉は広く使われていたであろう。つまり明治政府は、自らがおかれた立場を冷徹に認識していた、ということなのだろう。

いま私は、「冷徹」と述べたが、司馬遼太郎は、明治末年までのこの日本の外交的体質を「謙虚」と形容している。つづけて「相手の強大さや美質にたいして、可憐なほどにおびえやすい面もあった」と記している。そして、その「おびえ」が、日露戦後に「倨傲」へと変わっていった、というのである（『ロシアについて』）。その変化の過程も本書ではたどっていくこととなる。

そもそも軍人であるところの乃木は、ロシア軍に対して畏敬の念をもって接していた。水師営の会見の折のステッセルへの配慮や、その後、彼が死刑判決を受けた際の助命歎願からも、敵将を敬う気持ちが感じられる。但し、乃木の慰霊の対象に、日清戦争での旅順への進軍過程で死んだ多数の中国人がふくまれていたかどうか、それはわからない。乃木は日清戦争では旅団長をつとめたが、日本軍は、民間人をふくめて多くの中国人を殺している。中国側の史料によればその数約二万。その「旅順虐殺事件」は、中国の歴史教科書に記載があるので、中国において「旅順」という言葉を聞くと、まず、この事件が思い起こされることだろう。日清戦争後、清朝政府は墓碑と墓苑を建造し、その後、改修を経て、現在も「万忠墓」という記念碑があり、記念館が併設されている。

松下芳男『乃木希典』によれば、乃木はその除幕式参列にあたり、旅行用の鞄を三越百貨店に注文した。しかし、そこに刻まれていたイニシャルは、K.Nogiだった。品物を受けとった副官はイニシャルをMへと修正するよう求めたが、乃木は、勝典の霊をともなって行くと思えばよい、とそのままにした。旅順が乃木にとって霊地であることを示す逸話である。おそらく表忠塔の除幕式にもその鞄をもって出かけたのではないか。

軍人の本分

表忠塔の除幕式がおこなわれた月のはじめに旅順駅に降り立った人物がいた。安重根《アンジュングン》である。十一月三日午前十時のことだった。

安重根はその一週間ほど前に、ハルビン駅で、伊藤博文を射殺し、身柄を日本側に引き渡され、旅順へと移送されて来たのである。旅順駅から見あげると白玉山が見える。安重根も完成間近の表忠塔を眼にしたのではなかろうか。ただちに白玉山の北東に位置する旅順監獄に収監される。

安が伊藤を暗殺したのは、韓国統監として、韓国の主権を奪ったからである。彼は東洋の平和のためには、韓国の独立が不可欠と考えた。他方伊藤は、東洋平和実現には、韓国の保護化が必要と考えた。

安重根はその後、関東都督府裁判所での審理を経て、翌年二月二十四日に死刑判決を受け、翌月三月二十六日に処刑されるが、その間、接触した少なからぬ日本人が、安重根の人となりと、その志操に心を動かされている。その一人に千葉十七《とうしち》がいた。千葉は宮城県の農家の三男として生まれ、軍人を経て憲兵となった。一九〇九（明治四十二）年十月初めに言い渡された任務が、ハルビンからの安の護送だった。そのまま旅順監獄で、看守を命ぜられることとなる。

当然のこと、陸軍憲兵上等兵の千葉は安を極悪人と考えていた。だが、キリスト教徒として祈禱を欠かさないなど礼節のある起居と、その言葉の端々から認識を改めていった。千葉は安重根と三度ほど話す機会をもった。二度目の面談は、逮捕の翌年一九一〇（明治四十三）年の元旦のことだった。千葉は凶行の動機を聞いた。千葉の甥・鹿野琢見《かのたくみ》が安重根の言葉をのこしている。

大韓国の歴史は日本より古いこと、そして古来東洋の各民族は自分の国だけを大切に守り、他を侵略したということは殆どなかったこと、ところがここ数百年欧州列強は武力をもって他を侵略するをつねとし、近時それを東洋に及ぼし、とくにロシアはその最たるものであったこと、そして日露戦争では開戦にあたり日本の天皇が「東洋平和を維持し、韓国独立を鞏固《きょうこ》にする」との勅語を発したこと、そこで韓国人民は清国人民ともども陰に陽に日本を応援したこと、日本は予想に反し勝利を得ることができたがロシアに勝ってからは手の平をかえすように欧米と提携して東洋の仲間である韓・清両国を裏切りこれを侵略する政策を次々と展開するに至ったこと、その中心が伊藤公と認められること、このような政策は韓国の危機であるだけでなく東洋全体の不幸であること、心ある韓国人は日本人がその国を愛するのに劣らず自国を愛しその独立が危うくなっているのを心配していること、自分はこの危機を座視できず昨年春同志を糾合し東洋平和を維持出来るまでは千辛万苦を冒して国事に尽瘁《じんすい》しようと全員左手薬指第一関節を切断して血盟したこと、そして自分たちは韓国の独立のみならず日本も清国も含めた東洋の平和を一途に念願しているものである。

（「安重根と千葉十七」『法のまにまに』）

そして、「自分の行為があとに続く憂国の同志の決起を促し、韓国永遠の歴史に一個の捨て石となれば自分は満足である」と述べた。左手薬指のくだりは説明が必要であろう。抗日のための義兵団設立にあたって、有志は誓いをたてるため薬指の第一関節を切り落としている。「断指同盟」である。千葉は安重根に書を依頼していたが、それが実現したのは処刑直前のことだった。安は千葉が用意した絹布に以下のように書いた。「為国献身軍人本分（国のために身を献ぐるは軍人の本分）」。書には安重根の手形が押されている。そこには薬指の先はない。

安重根のこの証言は、鹿野琢見が生前千葉から聞いていた話を『日本法律家協会会報』（昭和五十五年五月）に記し、前掲書におさめられた。安重根が処刑されてから七十年の歳月を経ているので、正確さを欠く点もあるだろう。千葉は退役後、安重根の遺徳を景仰《けいこう》し、日々を過ごした。十七がなくなってからは、妻（鹿野の実叔母）が遺志を継ぎ、仏壇に書をかけ、十七と安の位牌をならべ手をあわせた。なお、その書は千葉の姪によって韓国政府に寄贈され、現在はソウルの安重根義士記念館に展示されている。

いい死処を得られた

先に示した『乃木希典』（佐々木英昭）で強く印象にのこったのは、伊藤暗殺事件についての乃木の評言だった。乃木は伊藤の死に接し、「イゝ死処を得られた」、「羨望に堪へず」と述べている。また、安重根についても、「エライ男だ」と語っていた、というのである。

引用元のひとつは大庭柯公《おおばかこう》の記述だ。大庭はロシア語を学び、三十代半ばで新聞記者となり、ロシア革命後の一九二一（大正十）年にシベリアからロシアに向かい、消息を絶った。スパイ容疑でボリシェビキに銃殺されたのである。生還がのぞめなくなった一九二五（大正十四）年に知己によって全集が刊行されている。そこに収録された「乃木大将」から引く。

安重根の事に就ては「イヤどうしてエライ男だ」と僅か一言ではあつたが餘程稱揚されてゐられた模樣が見えた。伊藤公の最期に關しては「大きい聲で言はれんが、イヽ死處を得られたものだ。私共もドウかマァ好（イヽ）死處を得たいと思うてゐるが、ナントモ羨しいことだ」と云はれた。

（「乃木大将」『柯公全集』第五巻）

大庭は長州出身で、報国隊にいた父が乃木と懇意だった。乃木が第十一師団の師団長をつとめていた時に、同師団でロシア語を教えている。よって、上記は乃木からの直話であろう。佐々木前掲書の「いい死処」「えらい男」という表現に接し、引用元にあたらねば、と思ったのは、乃木の言葉がどこか納得のいくものだったからだ。その理由を以下に記す。

乃木希典は山鹿素行と吉田松陰を敬愛していた。一九〇八（明治四十一）年発行の「日本及日本人」に、二人について寄稿している（「山鹿素行先生を尊崇するに至りたる動機」「吉田松陰先生の薫化」『乃木希典全集』下）。乃木家の遠縁に玉木家があった。その嫡男に玉木文之進がいた。文之進は山鹿流の兵学者で、吉田松陰の叔父にあたり、松陰は文之進に師事していた。

希典は虚弱だったので学問を志そうと、十六歳で玉木をたずね、学芸と武芸にはげんだ。素行の講義録『山鹿語類』や『中朝事実』を学んだ。自刃の直前、皇太子・迪宮《みちのみや》に『中朝事実』を献上している。乃木は日露講和の翌年、学習院院長となり、迪宮（昭和天皇）は教え子だった。

玉木文之進のもとにいた時、松陰はすでに禁固の身にあったので、乃木は松陰の謦咳に触れることはなかったが、文之進から、松陰について多くを聞いていた。獄中の松陰と文之進との間でかわされた文《ふみ》を預かっていた。しかし、西南戦争での遁走の折に紛失してしまったという。

乃木によれば、長州藩においても、松陰を「疎暴」「狂体」と悪罵をなげつけるものもおり、当初、松陰を敬服していたものは、五十人に満たなかったという。しかし死後、その思想は浪士に伝播し、維新への道を開くこととなる。吉田松陰の思想とは、徳川幕府の正統性を否定する尊皇論であり、草《そう》莽崛起《もうくっき》と呼ばれる民族存亡の折に、民は立ち上がらねばならない、とする能動的主体論と言えるだろう。伊藤博文は松下村塾で学んだ。

玉木文之進は、その門弟の多くが前原一誠による萩の乱に連座し、その責任をとって自害している。玉木の養子となった希典の実弟・真人《まこと》も、前原にしたがい、戦死している。維新を実現する過程で多くの士が命を落としている。そのような記憶をもつ乃木にとって、「死処をどこに得るか」という問題が、人として何よりも大事な徳であったことは、疑いようがない。

伊藤博文は、長州藩士として明治の鴻業に殉じた。安重根も、その堅固な志操を伊藤暗殺によって全うした。「国のために身を献ぐるは軍人の本分」だからである。遺体は旅順監獄の墓地に埋葬され、その年に日本は韓国を併合した。

話は現代に飛ぶ。韓国の盧武鉉《ノムヒョン》政権は、朝鮮民主主義人民共和国と中華人民共和国との三か国で、遺骨発掘作業をすすめたが、発見できなかった。朴槿恵《パククネ》大統領はハルビン駅に安重根記念館をつくることを中国政府に要請し、実現している。

第二章　水雷艇の旅順海戦

「第十艇隊第四十一号水雷艇」水野廣徳『戦影』金尾文淵堂、大正３年

現代を生きる私たちにとって、日露戦争を描いた文芸と言えば『坂の上の雲』がまず思い出される作品となろう。しかし戦前においては、『肉弾』と『此一戦』が代表作だった。『肉弾』の作者は櫻井《さくらい》忠温《ただよし》、『此一戦』が水野廣徳である。櫻井は陸軍で旅順攻囲戦にくわわり、水野は水雷艇に搭乗し旅順閉塞作戦と日本海海戦に参加した。

『肉弾』が上梓されたのは講和条約の翌年一九〇六（明治三十九）年のこと、『此一戦』は、それから遅れること五年、一九一一（明治四十四）年である。どちらも洛陽の紙価を高めることとなった。当時、一般の読者に日露戦争を語る書籍、それも戦場に立った軍人の手によるものは、少なかったからである。

軍人作家として名声を博した二人だったが、その後、異なる道を歩むこととなる。櫻井は陸軍にとどまるが、水野は第一次世界大戦後に海軍をはなれて、文筆に専念する。軍を去るきっかけとなったのは、第一次大戦下と戦後の二度の欧州旅行だった。二度目の旅では西部戦線の激戦地ヴェルダンや敗戦国ドイツの首都ベルリンを訪れている。帰国後水野は、これまでの軍備拡張を第一に考える思考をあらためて、軍備撤廃を主張することとなる。そのことは「はしがき」で触れた。

では、そろそろ本題へと入ることとしよう。前章では、陸から見た旅順を描いたので、今回は、水野廣徳が参加した閉塞作戦を通して、海から旅順を眺めてみることとする。

泳いででも旅順へ行く

水雷艇の乗組員は衣服が汚いもの、と決まっていた。水雷艇とは、水中で爆発する爆弾をつんだ小型の軍艦だ。水野の言葉を借りると「木っ端の如き小さき水雷艇」となる。

世に水雷艇乗を称して乞食商売といふ。其の因って来る所以を知らずと雖も、服装の穢き点に於て、食事の粗末なる点に於て、居住の窮屈なる点に於ては、少くも相類似して居る。

（『此一戦』）

水野廣徳はその水雷艇第十艇隊第四十一艇の艇長だった。第十艇隊は第三艦隊に属する。第十艇隊は旅順の海戦につづき、日本海海戦にも参加し、ロシア艦艇への追撃戦で軍功をあげ、東郷平八郎名の感状を受けている。

水野は日露戦後に軍令部にうつり、日露海戦記『明治三十七八年海戦史』の編集にたずさわり、その後、個人で戦記を出版する。そのうち、旅順海戦記が『戦影』であり、日本海海戦を描いたものが『此一戦』である。だが、発表年は時系列とは異なり、後者が一九一一（明治四十四）年、前者はそれから遅れること三年、一九一四（大正三）年のことだった。

『此一戦』は当時の最大手博文館から出版され、百版をかさねるベストセラーとなったが、『戦影』はそうではなかった。だが、自己評価は異なり『戦影』を「会心の作」と称していた。ではこれから『戦影』を読みつつ、旅順海戦を見てみることとする。

日露戦争の陸戦を描いた櫻井忠温の『肉弾』では、当時、日露戦争への出征をのぞむ心持を「動員乞《ごい》」という言葉であらわしていた。命令を待つ心理を言う。海軍とて同じだった。水野が第四十一艇長となったのは、開戦の前年一九〇三（明治三十六）年末のこと、水野ら水雷艇の乗組員は佐世保鎮守府にいた。港にひしめく軍艦は、徹夜で準備がすすめられ、戦闘色の濃いネズミ色に塗りかえられた。

世は「露撃つべし」の声が鳴りひびき、新聞も「斬るべし」「屠《ほふ》るべし」と絶叫した。海軍に対して、詔勅を待たずに独断で進発しろとあおった。士官も高揚し、飲み屋で大言壮語、あげくは、「泳いでも旅順へ行く」といきまくものもいた。日本が有する総排水量二十五万トンの艦隊を、「いま出さずして、いつ出すのか」という機運がみなぎっていたのである。

ここで、日露の海軍力を比較しておこう。ロシアの戦力は排水量五十一万トンとなるが、極東に配備されている太平洋艦隊はウラジオストクと旅順、さらに朝鮮半島の仁川にあった。その規模は十九万トンだ。日本海軍は排水量ではまさっているものの、太平洋艦隊はいずれも新鋭で、ロシア海軍最強とうたわれていた。それゆえに日本としては、早期に旅順艦隊を撃破し、黄海の制海権をにぎり、満洲へと兵を進めねばならなかったのだ。

そこでとられた作戦が、ロシア軍艦を港内に閉じ込める閉塞作戦だった。水野の巧みな比喩を借りると、漏斗《ろうと》の尻に栓をする作戦である。港の入り口が狭いゆえに可能なものだ。聯合艦隊の命令では、「港口ヲ閉塞シテ地水ト化シ敵ノ大部ヲ無能ナラシメ」る作戦である。その「栓」には、廃棄される商船が使われた。閉塞船には石材が積み込まれ、その隙間にセメントを流し込み、壁を止めるリベットをとりのぞいた。浸水を容易にするためである。

第十艇隊が佐世保を出港したのは一九〇四（明治三十七）年一月のこと、平戸を経て、対馬に寄港した。対馬の竹敷には要港部があった。そこで与えられた任務は、黄海の夜間警備だった。それが、開戦以来ひと月ほど続いた。水雷艇隊の属する第三艦隊そのものが、後備という役回りだった。水野は「旅順へ」とはやる気持ちをおさえるのだ。

杉野はいずこ

すでに閉塞作戦ははじまっていた。新聞は、閉塞隊員の一言一句を伝えた。世は「閉塞隊員にあらずんば真の軍人にあらず」という空気に満ちていた。佐世保と竹敷の間には三日おきに通信船が運航し、新聞が届けられた。後詰《ごづ》めの将兵は、新聞で戦況を知り、切歯扼腕する。

敵艦を港に閉じ込めるこの作戦は、米西戦争でアメリカ海軍がスペイン艦隊にしかけたことを始まりとする。それを、聯合艦隊参謀の有馬《ありま》良橘《りょうきつ》が司令官・東郷平八郎に具申したのである。危険な任務のため、隊員は募集という形をとった。二千余名が応募した。うち七十七名が採用された。士気は極めて高かったのだ。

第一回の閉塞作戦は二月二十四日、第二回が三月二十七日におこなわれた。廣瀬武夫は、有馬のもとで第一回から参加した。第一回閉塞作戦では、有馬が嚮導船・天津丸に乗り、廣瀬は第二閉塞隊・報国丸を指揮した。第二回でも有馬の船・千代丸にしたがい、第二閉塞隊・福井丸の指揮官をつとめた。その福井丸の指揮官附が上等兵曹の杉野孫七だった。

第二回閉塞作戦で廣瀬の船・福井丸は、千代丸に続いて船を爆破し、乗組員は脱出用ボートに移乗するも、杉野がいないことに気づく。廣瀬は沈みゆく福井丸の捜索をおこなったが杉野を発見することはできない。やむなく、福井丸の乗組員はボートで収容艦を目指すも、敵哨艦に発見されて銃弾をあび、廣瀬は命を落とすのだ。

戦死の数日後には「軍神廣瀬中佐」なる言葉が紙面にあらわれている（一九〇四年三月三十日東京朝日朝刊）。廣瀬は死後に中佐に昇進していた。「軍神廣瀬」は後に文部省唱歌にもうたわれ、廣瀬と杉野の銅像は、東京神田の万世橋に建造された。しかし戦後は、戦意高揚をあおった「戦犯銅像」とされ、撤去されることとなる。廣瀬武夫は誰もが知る英雄だった。十歳ほど年長の知人は、家に「廣瀬中佐」のレコードがあり、いまだに「杉野はいずこ」というフレーズが耳にのこっている、という。

わが村の廣瀬中佐

『戦影』には「悲劇」という章があり、その主役は水野の元にいた水兵だ。彼の家は父の代で家運傾き、小学校にも通えなかった。しかし、勤務時間外にも勉強をかかさない勤勉な部下だった。

ある時その水兵が、閉塞隊員へ志願する嘆願書を書いていた。理由を聞くと、父と妹からの手紙にあるという。父はそれまで、子に直接手紙を出すことはなかった。だが、今回は違った。「一家の事など毛頭心に懸けず、大君の為め充分忠勤に励み、家名を揚ぐる事肝要に御座《ござ》候《そうろう》」。妹からは八幡様の勝軍護身符が送られてきた。妹は手紙の中で、川向こうの「×吉」が閉塞隊に選ばれて手柄をたて、「わが村の廣瀬中佐」と呼ばれている、と書いた。これまで、手紙はすべて妹に代筆させてきた父が、直に送ってきたのは、自分の働きに不満だからであろうと考え、涙を落とす。一艇長である水野には、希望をかなえてやることができず、時機を待てと諭した。

ある日、その水兵が激しい腹痛を訴えた。外海にいるため、医者に見せられない。しばらくして竹敷にもどり診察をうけると、「手遅れ」との診断だった。盲腸炎と腹膜炎の併発だ。

水兵がなくなり、一切を終えてのち、妹からの手紙が届いた。兄が生前厚情をうけたこと、死の折はお世話になったこと、その礼が述べられていた。あわせて、兄に続いて、父も他界したことがつづられ、以下の文となる。「父こそは老年なれば致方も無之《これなく》候《そうら》得《え》共《ども》、せめて兄には戦死なりと致させたかりしと、是れのみは返す返すも残念と存候《ぞんじそうろう》」。

戦死により「名誉の死」となるのであろう。あるいは、戦死と病死では、金銭的な補償が異なるのかもしれない。それはわからない。閉塞隊への参加を切望する水兵の気持ちと妹の手紙から、日露戦争時の社会心理を読み取ることができる。そのような心持を、当時の世論も、また新聞もささえ、鼓舞したのである。むろん、非戦を訴えた「平民新聞」やキリスト者はいた。が、大勢を占めなかった。大町桂月は、「君死にたもうことなかれ」とうたった与謝野晶子を厳しく指弾した。

そのような空気を理解しなければ、閉塞作戦に二千名の応募があったという史実が理解できないし、第二回目の閉塞作戦で死んだ廣瀬武夫が「軍神」として尊崇されたことも理解ができなくなる。また、敵将マカロフに対して、当時の日本人が抱いた感情も理解できなくなってしまう。

マカロフはトルコ戦などで軍功をあげ、軍略の書籍もあるロシアの著名な海軍軍人だった。太平洋艦隊の司令官をつとめたスタルクは、初戦で日本海軍の奇襲をゆるして解任され、マカロフは、一九〇四（明治三十七）年三月に太平洋艦隊の司令官に就任する。

マカロフは末端の水兵にまで細かい指示を出し、現場主義を貫いた。巡洋艦バヤーンが外海で窮地におちいった時、自身が旗艦ペトロパブロフスクに搭乗して救援にむかった。しかし、日本海軍が仕掛けた機雷に接触し、沈没する。四月十三日のことだった。

『坂の上の雲』では、マカロフに一章を割いている。そこでは、水兵から「マカロフじいさん」と慕われていたと記されている。資料にあたると、マカロフの享年は五十五歳、その相貌は頭が禿げ上がり、長い髯をはやしている。明治の頃は、その歳で「じいさん」だったのだ。マカロフについては、日本でも多くの伝記が出版されている。石川啄木は「マカロフ提督追悼の詩」をうたった。

ペトロパブロフスクには戦争画家のヴェレシチャーギンが同乗していた。非戦をとなえた「平民新聞」は、画家の肖像を掲載し、幸徳秋水は追悼文を書いた。「万国の平和を来さんが為めに常に戦争の悲惨を描けり」、それは「トルストイが文章を以てせし説教を、丹青の技を以てなしたりき」。丹青とは絵具のことである。

秋水は言う。「露国暴なりと雖も猶ほ如此き人を生して其軍艦中に伴へりき、吾人は此点に於て露国の大を認めざる能わず」（「平民日記」三十二号、明治三十七年六月十九日）。前章で記したロシア戦没者の慰霊碑にも言えることだが、日本人はロシアとそこに暮らす人々に畏敬の念をもっていた。「露国の大」を認識していたのである。

作戦中止

第一回閉塞作戦も第二回も失敗におわり、東郷はさらなる規模の作戦を計画した。陸軍の第一軍は北進し、第二軍は遼東半島の塩大澳《えんだいおう》上陸を目前にしていた。塩大澳は遼東半島の東岸、旅順からわずかな距離だ。ウラジオストク艦隊の動きも活発だった。なんとしてでも、旅順港を制圧せねばならない。

聯合艦隊は大本営に対し、十二隻の閉塞船の調達を要請した。あわせて、操舵に熟練する隊員を募集した。閉塞船の数は、第一回が五隻、第二回が四隻なので、今回はさらに大掛りな作戦が計画されたのだ。その十二隻の閉塞船を四つの小隊にわけ旅順へと向かわせるのである。水雷艇の任務は、閉塞船を援護し、作戦実施後は、閉塞隊員を救助する、というものだった。そこに水野の所属する第十艇隊がついた。水野にとってこれが初陣だった。

閉塞船のひとつに三河丸がいた。三河丸は郵船が所用する老朽船だ。三河丸の指揮をつとめたのは匝瑳《そうさ》胤次《たねじ》である。匝瑳は、水野と海軍兵学校二十六期の同期だ。

閉塞艦隊は五月一日十七時、寄港地である朝鮮半島中西部の海州を出発した。総指揮官は林三子雄《はやしみねお》がつとめた。隊員は将校下士官ふくめて二百四十四名。艦艇はあわせて六十隻、それが旅順へと向かった。

天候が悪化したのはその日の夜からだった。明くる五月二日朝、海はさらに荒れた。閉塞船はもともと商船なので足が遅い。荒天により艦隊の陣形が崩れた。さらに、もうひとつ事故が起きた。閉塞船・釜山丸が機関故障で離脱、閉塞船は十一隻となった。

五月二日十九時、うねりが静まったところで、閉塞船は護衛戦隊とわかれた。黄海をほぼ横切ったあたりだ。軍楽隊は「進軍」を演奏し、旗艦には「予め成功を祝す」という意の信号が掲げられた。駆逐艦、水雷艇など一部の軍艦が、閉塞船を護衛して旅順へ向かった。

閉塞作戦実施は、五月三日深夜零時をもって開始される予定であったが、総指揮官の林は作戦中止を決断する。閉塞隊員の救助が困難となり、多数の犠牲が出ることを危惧したのである。しかし、時すでに遅く、命令が全艦船に届くことはなかった。深夜になると、さらに海は荒れた。五月二日二十三時の様子を水野は以下のように書く。

滝なす飛沫は絶間なく頭上より振り懸つて、眼を開くことさえ出来ない。外套も、上衣も、襦袢も、忽ちにして浸され、総員唯柱を抱き、策に縋《すが》つて、僅かに身を支ふるばかり、顚覆沈没を覚悟して、今はわが身が決死隊である。

(『戦影』)

遼東半島の沿岸部が眼下にはいり、敵の探照灯が暗闇をなめた。水野の艇は、海水をあび指定された海面にただよっていた。閉塞船十一隻のうち八隻に作戦中止命令は伝わっていない。水野の艇にも命令は届いていない。閉塞船は、すさまじい嵐の中を港口へと突進する。水野はその光景を望見していた。その一隻に三河丸がいた。三河丸は隊列の先頭にあった。

第三回閉塞作戦の戦果

ここで視点を変えて、この閉塞作戦を三河丸から見ておくこととする。僚船からはなれた三河丸は、決行の零時を過ぎ、しばし逡巡していたが、敵の砲火が激しくなり、もはや猶予はできないと港口へと進んだ。港外には防材がはりめぐらされていたが、それを突き破る。敵の砲弾、銃弾で幾人かの乗員が倒れるなか、敢然と港湾深く突進。目的地につき、「総員退船用意！」と指示をだし、負傷者を助けて脱出用ボートに乗りこみ、自爆装置に点火した。三河丸は轟然たる音をたてて、沈没しはじめた。三河丸についで他の閉塞船も突っ込んだ。

水野が乗る第四十一艇が三河丸の乗員を発見したのは、爆沈から二時間あまりたった四時半のことだった。港口の東側にある黄金山から南方一海里の位置、探照灯の閃光が、波間に上下する黒いボートを映しだした。あと二、三時間漂っていたら、飢えと寒さで力尽きたであろう。匝瑳は述懐している（『第三回旅順閉塞作戦秘話』）。

また先の話をすることとなるが、海兵同期の水野廣徳と匝瑳胤次の二人は、その後、異なる道を歩むこととなる。匝瑳はワシントン条約後に予備役となり、退役後『深まりゆく日米の危機』をあらわし、激烈な反米論を展開する。日米非戦論の立場をとる水野は、匝瑳の論を厳しく批判する。「はしがき」でも触れたが、本書では、「旅順」体験者のその後に触れ、日本の近代史における「旅順」の多様な側面についても見てゆきたい。

閑話休題、では、第三回閉塞作戦の結果はいかなるものだったのか。十一隻のうち八隻が作戦を決行した。うち四隻が全滅した。八隻の乗員は百五十八名で、うち収容されたものは六十七名（うち戦死五名、負傷二十名）、翌朝ロシア側によって救助されたものが十七名（うち戦死一名）であった。戦死、行方不明者あわせて九十名を超え、それ以外にも負傷者が多数出た。第三回閉塞作戦では、隊員の三分の二が犠牲になったのである。

東郷平八郎が現地に向かったのは、作戦翌々日の五月五日のことだった。閉塞船の沈没箇所を確認し、大本営に報告するためである。報告書の前段で東郷は、「第三次ノ閉塞ハ（中略）困難ナリシニ拘ラス意外ニ良果ヲ奏シ居ルモノ」とした。水野は『戦影』の「閉塞隊」の章を以下の文で閉じている。

狂乱怒涛を冒して決行せられたる第三回旅順口閉塞は、其の行動たるや斯くの如く壮烈に、其の結果たるや、斯くの如く悲惨なものであつた。帝国海軍は、之を以て後世に対する誇りと為し得ると共に、国民は忠勇なる、此の犠牲者に対して、深く敬意と感謝を払わねばならぬと信ずる。

第三回閉塞作戦は、とても良果とは言えなかったのである。港口も閉塞されることはなかった。その作戦計画とその指揮も極めてずさんなものだった。そのようにして、多くの閉塞隊員が海の藻屑となったのである。

ああ、戦争！　ああ、戦争‼

海軍のこのような失敗が、陸軍への強い要請となり、第三軍による旅順攻囲戦へとつながっていく。

本章の最後に、二〇三高地占領後の話を書きとどめておく。

十二月五日に二〇三高地を奪取し、そこに観測所をおき、二十八センチ榴弾砲を発射、七日までに旅順港に停泊する軍艦をほとんど沈没させることができた。が、戦艦セヴァストポリは、九日未明に、港外へと逃れることとなる。セヴァストポリは、四門の十二インチ砲と十門の六インチ砲を搭載しており、逃すと大きな脅威となる。東郷は、九日夜にセヴァストポリ攻撃を指示、その任務を水雷艇に託した。

水雷艇の兵器は、十四インチ水雷のみである。しかし敵は、先に述べた通り水雷から身をまもる防材（防禦網）を設置している。日本海軍の水雷にはその防禦網をやぶる切網器を備えていないものもあった。よって連日の攻撃にも、セヴァストポリは沈むことはなかった。

業を煮やした東郷は、十二月十四日朝に新たな指令をだす。「十四インチ魚形水雷を以て防禦網を張れる敵艦を撃破し、以て帝国水雷艇の名誉を維持せよ」。旅順港の軍艦を撃破したのは陸軍だった。この段にあって、セヴァストポリを逃すわけにはいかない。水野の所属する第十艇隊に出動命令が下されたのはその日の夜だった。出動艇は三十隻、水雷の搭載と炭水の補給のために母艦との間を往復した。

セヴァストポリは、砲艦と駆逐艦数隻とともに、砲台の下にひそんでいた。周囲には、水雷を防禦する防材がはりめぐらされていた。さらに、老虎尾半島の砲台が周囲をにらみつけている。水雷艇出発時は、深夜にもかかわらず、母艦の総員が登舷礼式で見送った。登舷礼式とは乗員全員が舷側で敬意を示す儀礼式である。決死行なのである。

錨地をはなれると先発艇隊に敵の砲弾が打ちこまれる。水野の第十艇隊はその後ろにいた。水雷艇は単縦列になって、セヴァストポリを目指す。先頭の艇が射程内に入ると、雨あられと砲弾があびせられる。次々に敵前に進み、水雷を発射、水野の艇が数百メートルにせまった。艇首から一発を放つ、三個の魚雷を発射すれば、任務が終わる。発射後、ただちに左に転舵、敵前回頭の瞬間が、攻撃を受けやすい。逃げる際に、艇尾に弾丸をくらったが、辛くも、水野の艇は敵弾から逃れることができた。だが、同じ第十艇隊に属する第四十二艇は弾にあたり、数名が死んだ。そこに艇長の中堀彦吉がいた。中堀は、水野と同郷、同窓、同隊だった。中学は一年上、海兵でも共に学んだ。

東郷がセヴァストポリ攻撃中止を指示したのは十二月十六日のことだ。この戦いで、日本海軍が発射した魚雷は百二十四発。水雷艇二艇が損失、十隻が損傷した。戦死者は三十五名だ。攻撃中止が出されたのは、セヴァストポリにもはや攻撃力はないと判断したからだ。しかし、ロシア側の資料では、セヴァストポリはその後も航行し、日本の陸上陣地に攻撃を続けたという。水師営での乃木ステッセル会談で停戦がなされたあとセヴァストポリは自沈する。日本軍に鹵獲《ろかく》させないためである。『戦影』の結語を引く。

　鳴呼、戦争！　鳴呼、戦争‼　戦争に依つて、我が大日本帝国は、所謂一等国の班に列し、東亜の小国民は、忽ち世界の大国民と為りすました。／然れど、戦争の蔭に注がれたる血幾石《いくこく》？　涙幾斗《いくと》！　知る人、果して幾人かある。言う勿れ、一将功成つて万骨枯ると、万骨を枯らして栄華に誇るものは、豈、夫れ、独り一介武弁の将軍とのみ謂わんや。見よ！／彼処に不具の廃兵がある！　彼処に無告の孤独がある！

水野の言う「万骨」に、閉塞隊員や同期の中堀彦吉などの水雷艇の乗組員がふくまれていることは説明の必要がないだろう。では、「栄華を誇る一介武弁」とは誰か。山縣か児玉か、それとも東郷か。そのようにして「乞食商売」の旅順海戦が終わるのである。

第三章　日露戦後の癈兵

「旅順戦蹟」二〇三高地記念碑」『旅順戦跡ゑはがき』

水野廣徳は『戦影』の掉尾《ちょうび》で、「我が大日本帝国は、所謂一等国の班に列し、東亜の小国民は、忽ち世界の大国民と為りすました」と書いた。日露戦争後、明治初年以来の悲願だった条約改正を達成する。日本は戦勝によって、一等国を自負するようになった。

フランスの作家アナトール・フランスは、ポーツマス条約が締結された一九〇五（明治三十八）年に出版した『白き石の上にて』で以下のように書いている。

ロシヤが現在、日本海や満洲の隘路で犠牲を払っているのは、単にロシヤの貪欲にして野蛮な東方政策であるばかりでなく、全ヨーロッパの植民政策でもあるのです。そして他方ロシヤが贖《あがな》っているものも、単にロシヤの犯罪であるばかりでなく、軍国的、商業的な全キリスト教国の犯罪でもあるのです。

『白き石の上にて』は、四人のフランス人と一人のイタリア人がローマで会し、自らが描いた小説を示しつつ、人類史について意見を戦わせる物語だ。時代を反映して、後段で、日露戦争が俎上にあがる。

まず、フランスの言う「全キリスト教国の犯罪」を説明する必要があるだろう。それは、ルネサンスを経て思想を覚醒させたヨーロッパは、発明と知識への欲求を高めた。同時に好戦本能も刺激され、西インド、アフリカ、太平洋へと領土を拡張、略奪と暴行を繰り返す。それが、ヨーロッパの近代文明であり、そのような白人優位の秩序に有色人種が挑んでいる、それこそが日露戦争だ。

フランスによれば、日露戦争前夜、欧州の識者は日本に「従順たれ！」と諭していたという。「シャルル・リッシュ博士」は日本人の骨格を示して、「猿と人間との中間に位《くらい》する動物」とし、日露戦争は「猿と人間との戦い」だと述べた。ここで言うリッシュ博士とは、アナフィラキシー・ショックの研究でのちにノーベル生理学・医学賞を受賞するシャルル・ロベール・リシェのことである。

ドレフュス事件以降、社会主義に傾斜したフランスにとって、旅順の陥落は、これまでの「全キリスト教国の犯罪」をあばく契機となる、ととらえられた。

『白き石の上にて』で描かれる未来は、社会主義による欧州の統合、ヨーロッパ人民連邦の成立だ。そこでは、争いごとがなく、裁判所も軍隊も存在しない。連邦に暮らす人々は、能力に応じて働き、必要に応じて得ることができる。つまり、共産社会が実現するのである。そのきっかけをつくったのは日本だ。「日本が、黄色人を白色人に尊敬させることが出来るようなことになれば、日本は人類のために大きな貢献をしたことになる」。

その後に誕生した現実の社会主義国家と日本の歩みを知るものにとって、二十世紀初頭のアナトール・フランスの見立てを素直に受け入れることは難しいが、当時の日本人が、日露戦争の勝利を経て、「東亜の小国民」から「世界の大国民」となったという矜持を抱いたことを、現代人が嗤《わら》うことはできないだろう。キリスト教国のすべての人々が、日本を「一等国」であり、「大国民」であると認めたかどうかは別にして、少なくとも黄色人種を、「人間」として扱わざるをえなくなったのである。

だが、日露戦後に米国の西部で起こったことは、日系人に対する差別であり、忌避だった。一九〇五年春に米国に渡った日本人は、サンフランシスコに到着するやいなや、「ジャップ」とののしられ、馬糞を投げつけられた、と回想している（アイリーン・スナダ・サラソーン『The 一世――パイオニアの肖像』）。カリフォルニアにおける日系人排斥は、一九二四年の移民法をもって完成することとなる。それは日本人の顔に泥を塗る行為であった。

時を同じくして米国は、海軍を増強し、太平洋に巨大な影響力を行使しはじめる。仮想敵はむろん日本だ。太平洋の中央に位置する軍事拠点・真珠湾は、当時の日本人にとって、「日露開戦前の旅順」に見えた。火山の多いハワイ諸島は海岸線が直線的で、真珠湾はハワイには珍しく、多くの入り江を抱く港だ。水野廣徳の描く日本と米国の未来戦記でも、軍港マニラやハワイは、旅順の延長線上として描かれている。

その話はあらためてすることとして、本章のテーマは、『戦影』の末尾の「不具」の癈兵である。日本を「一等国」に、日本人を「世界の大国民」にならしめた日露戦争の負傷兵は、日露戦後、どのように扱われたのか。そのこともまた、旅順に聖性を付加する要因となっていくのである。

負傷者の古参

日露戦争では多くの将兵が負傷した。腕や足を失うといった大きな犠牲をはらう人も少なくなかった。病気をふくめ障害をおった負傷者は「癈兵」と呼ばれた。その呼称は、明治天皇の勅語に由来するという（「癈兵の哀歌」宮本常一他『日本残酷物語』五）。

日露戦争における負傷者の数は、それ以前の戦いと比べて格段に多かった。前掲書には八万人と記載されている。この数は軽傷もふくめてのものだ。同書には、一九三二（昭和七）年の数字として、癈兵三万六千人という数が記されている。年金受給の重傷者が一万六千人、中度の賜金受給者が約二万人だ。日清戦争の癈兵が、前後者あわせて約二千三百人ということなので、日露戦争の負傷者が、日清戦争と比べてはるかに多かったことがわかる。いずれにしても、日露戦後、数万の負傷兵が日本に帰ってきたのである。

その一人に櫻井忠温がいた。『肉弾』の作者である。櫻井は水野廣徳と同じ松山出身で、歩兵第二十二聯隊の聯隊旗手として、乃木指揮下の第三軍に属し、第一回の旅順総攻撃に参加した。櫻井は、大白山、大狐山などの戦闘を経て、望台の突撃で負傷した。

『肉弾』が描く戦闘は壮絶だ。戦友の死骸を踏み越えて進軍する。死体は折り重なり、屍山血河をなす。全体を統率する指揮はほとんどなされず、聯隊ごとの攻撃が繰り返された。のちにある参謀が、「人間はいくらもあったが、弾がなかった」と語ったという（「顔（自叙歴）」『櫻井忠温全集』第六巻）。そのような戦闘が幾度も幾度も続いたのである。その先に、二〇三高地があり、旅順港があった。

櫻井は望台をのぞむところで、銃弾を受ける。望台は旅順港の北東にあり、その山を越えれば、市街までは平坦な道だ。傷は十一箇所、幸いにも、左右の手足のみで、頭も胴も腹も無事だった。

帰国後、広島の病院に入院する。忠温の兄・櫻井彦一郎は大隈重信と面識があり、大隈の手配で軍医総監・菊池常三郎の手術を受けることとなる。菊池の執刀により、櫻井は軍籍にとどまる身体をとりもどすことができた。

　なお、補足的な説明をくわえると、『肉弾』にはセオドア・ローズヴェルトの推薦文が寄せられているが、ローズヴェルトに『肉弾』を贈ったのは大隈である。櫻井彦一郎は鷗村の筆名をもち、多くの翻訳や文筆がある。新渡戸稲造の『武士道』は鷗村訳だ。

『肉弾』は治療中に書かれた。櫻井は右手を失ったので、左手でペンをもった。その書が一九〇六（明治三十九）年に出版され、ベストセラーとなったのだ。さらに、英語、ドイツ語、フランス語のみならず、その他多くの言語に翻訳される。

　昭和に入ってからのことだが、櫻井は姫路の陸軍病院で傷病兵を前にして講演をしている。自らを、「負傷者の古参」と称し、その誇りについて述べている。かれは、三十年このかた包帯を絶やすことはなかった（「無題」厚生省『傷痍軍人に捧ぐ』）。

　癈兵が「傷痍軍人」と改称されたのは、一九三一（昭和六）年のことである。それは、負傷者を再度、動員するための便法だった。つけくわえると、「厚生省」が誕生したのは、上記の『傷痍軍人に捧ぐ』が出版された年の一九三八（昭和一三）年のこと。その目的のひとつに、傷痍軍人対策があった。傷痍軍人の手記を集めた『傷痍軍人に捧ぐ』も、傷痍軍人行政のお披露目のひとつだったのであろう。

　櫻井は子供のころから、絵を得意としており、負傷後は左手で絵筆ももった。のちに画文集も出している。櫻井は、陸軍経理学校生徒隊長、京都、小倉の師団の副官といった行政職で陸軍生活をおくり、一九二四（大正十三）年に陸軍省新聞班長となる。新聞班は一九一九（大正八）年に誕生し、陸軍の広報活動や新聞検閲をになう組織だ。日露戦記の作家であった櫻井にとって、「陸軍の宣伝」はうってつけの仕事だった。櫻井は一九三〇（昭和五）年に少将で退役、その後も文筆活動を続けた。第一次世界大戦の戦跡訪問記や、旅順再訪記なども書いている。櫻井の眼から見た旅順はあらためて触れることとする。

勇士の一大楽園

一九〇五（明治三十八）年八月二十三日の明け方四時の横浜、巡査が泥まみれの男を発見する。夏目金次郎、二十四歳、二〇三高地からの復員兵だった。夏目は、前年の十一月に二等卒として旅順に出征し、同月末に負傷、手術により右腕の肘から先を切断した。二〇三高地陥落直前のことである。

翌年一九〇五（明治三十八）年三月に除隊するも、実家は赤貧洗うがごとし、川崎の親族に身を寄せることとなった。しかし、そこも家計苦しく、これ以上迷惑はかけられないと家を出て、自殺をはかったのである。だが、飛び込んだ掘割は干潮で水浅く、本懐をとげることはできなかった（一九〇五年八月二十四日東京朝日朝刊）。

日露戦争では、このように行き場を失った癈兵が多数いた。彼らは恩給の増額や一次賜金を得ることはできたが、その額は微々たるものだった。

なお、金次郎については、先の八月二十四日の報道（「名誉の勇士自殺企つ」）の六日後に続報がでる。記事曰く、自殺の意図は、二〇三高地で多くの戦友が戦死したにもかかわらず、自らは癈兵となり、再度の出征がかなわないことにあったという。その後、まわりの斡旋により、製糸工場に職を得た。また、複数の篤志家から見舞金が届いたというのだ（一九〇五年八月三十日東京朝日朝刊）。

自殺未遂を報ずる記事の末尾には以下の文が記されている。「後援の任に当る諸氏よ願はくは此憐れむべき勇士をして悲境に沈淪せしむる事なきよう後援の実を挙げられたきものなり」。就職斡旋と見舞金は、この呼びかけに応えたものだった。

夏目金次郎の一件は、美談へと転じたが、多くの癈兵は社会の片隅で、まさに悲境に沈淪せねばならなかった。たいていの家では、働き手にならない負傷兵を養うことはできない。そこで、癈兵が生活する施設・癈兵院が構想された。それを先導したのは愛国婦人会だった。

愛国婦人会は奥村五百子《いおこ》によって設立された組織だ。義和団事件の折、奥村は慰問団の一人として戦場におもむき、婦人会の創設を決意する。その目的は、軍人に後顧の憂いを抱かせないことにあった。愛国婦人会は一九〇一（明治三十四）年に創立されている。初代会長には岩倉久子がついた。久子は岩倉具視の次男・岩倉具定の妻である。その後、総裁に閑院宮智恵子（閑院宮載仁夫人）が就任し、同会には、皇族婦人が名をつらねた。

愛国婦人会による癈兵院創立の議論は、早くも婦人会設立の翌年、日露開戦の二年前に起こっている。ドイツを模した戦時負傷者施設の設立が構想されたのだ（一九〇二年五月二十七日東京朝日朝刊）。翌々年一月には、会合で癈兵院設立が決議される（一九〇四年一月二十七日東京朝日朝刊）。日露戦争では、開戦前から、負傷兵に対する援護策が準備されていたのである。

日本海海戦が終わった一九〇五（明治三十八）年六月には、参謀総長の山縣有朋が陸軍大臣・寺内正毅に、「癈兵院設立ニ関スル意見」を提出している。癈兵院法は日露戦後の一九〇六（明治三十九）年四月に公布され、癈兵院は法律の施行の翌年二月に、旧陸軍病院渋谷分院跡に開設された。その翌年一九〇八（明治四十一）年六月には新たな癈兵院が誕生する。

巣鴨に生まれた新癈兵院の敷地は、宍戸藩松平家の下屋敷で、一万八千坪におよぶ広大なものだった。建屋の南には庭があり散歩道がつくられた。明治天皇から下賜された丹頂鶴や孔雀が飼育された。新聞は紅葉の美しさをたたえ、癈兵院を「勇士の一大楽園」と呼んだ（一九〇八年十一月三十日東京朝日朝刊）。

新たに誕生した東京癈兵院の設備は充実していたが、入院する負傷兵は多くなく、定員を満たすことはなかった。それは、癈兵院の入院により、恩給がたたれることが主な理由だった。同時に、日本的慣習により、世間への体面が、負傷者の入院をふみとどまらせる原因ともなっていた（郡司淳『軍事援護の世界』）。

昭和になってからのこととなるが、その東京癈兵院は、一九三四（昭和九）年に「傷兵院」と改称され、その二年後に小田原に移転、厚生省が誕生した時に同省の所管となり、一九四〇（昭和十五）年に箱根に傷痍軍人箱根療養所が開設される。その箱根療養所が現在の国立箱根病院だ。

戦時期から戦後にかけての箱根療養所、箱根病院における傷痍軍人の暮らしについては、東京九段にある「しょうけい館（戦傷病者史料館）」で知ることができる。そこで私は、戦後、恩給を受けられなくなった傷痍軍人が、寄木細工で収入を得ていたことを知った。箱根名産の寄木細工は、子供のころ、我が家にもあった。

「しょうけい館」には乃木式義手が展示されている。義手は乃木希典の発案で、当時、軍医総監だった石黒忠悳《いしぐろただのり》の助言を受けて、製造された。同館の資料によれば、その誕生は、ポーツマス条約の翌年のことだという。

日露戦後、乃木は石黒宅を訪ね、手を失ったものがタバコをのめるようにする工夫はないか、と相談した。それから試作がはじまる。しばらくして、厚紙で造作をほどこした模型をもって石黒邸を訪れた。その模型を砲兵工廠に持ち寄り、つくらせたのが乃木式義手だった。そのレプリカが「しょうけい館」に展示されているのだ。

乃木は自費で義手を製造し、手を失った癈兵に配った。多くの癈兵が絵を描き、手紙も書けるようになった。乃木の死後のことだが、第一次世界大戦前、ドイツのドレスデンでひらかれた衛生展覧会に乃木式義手が展示された。世界大戦後、ドイツでもいくつかの種類の義手がつくられるようになった。その中には、明らかに乃木式義手を模倣したものがあったという（石黒忠悳『懐旧九十年』）。

乃木は東京癈兵院をしばしば訪ねている。院長の川崎寅三の回想によれば、その頻度はひと月に一、二度を数えた。皇族から贈り物があると、それを手土産に、癈兵院に現れた。石黒がスイカをもらい、それを乃木家に遣わすと、すぐに癈兵院へともっていった。毎年三月十日の陸軍記念日になると、乃木は癈兵の部屋を一部屋ごとまわった（一九一二年九月二十四日東京朝日朝刊）。

一九一一（明治四十四）年六月に英国のジョージ五世の戴冠式出席のため東伏見宮依仁《ひがしふしみのみやよりひと》と同妃が渡欧した折、乃木は随行している。同年二月十四日から八月二十八日まで欧州をまわった。旅行の途中、ドイツで癈兵院を見学している。帰国後、乃木は入院者にドイツの癈兵院の様子を語った。

東京癈兵院の癈兵も乃木を慕っていた。乃木の葬儀にはこぞって参列した。癈兵院には、乃木の祭壇がしつらえられ、命日には、追悼会が催された。また、乃木家は香典をことわったが、しかたなく受け取ったこころざしは、東京養育院（五百円）、東京癈兵院（三百円）、山口県の孤児院（二百円）に寄付された。

生前ある時、乃木は石黒に、失明した兵について、「私共が指揮の下に此等の人の目を潰させたやうなもの」と語っている。「予は諸君の子弟を殺したり」と同様の発言である。

櫻井忠温の証言にしたがえば、旅順攻囲戦は、全体の指揮はなく、ただ、聯隊ごとの攻撃が繰り返された。各部隊では、人間が弾としてつかわれた。負傷した癈兵は、確かに乃木の指揮によって癈疾となったと言える。

石黒忠悳は先の書で、その説を否定するが、乃木の死者や癈兵への贖罪意識も、明治天皇大喪の折の自刃へとつながっていくのではないか。同時に、そのような癈兵への愛情にあふれていた、という乃木の表象は、他の「乃木文学」同様に、美談として継承されていくこととなる。

俺たちのことを忘れたか

但しこれまで述べてきたことはタテマエの話である。現実の救済活動があまねく癈兵に行き渡っていたかというと、さにあらず。前節の冒頭で紹介した夏目金次郎の事件は、美談に変わるが、その陰にはまさに悲境に沈淪する人々が数知れずいたのだ。

日露戦後、社会にただよう空気も変化していた。綱紀粛正をうたった戊申詔書が発布されたのは日露戦後まもない一九〇八（明治四十一）年のこと、世は第二の鹿鳴館時代となっていた。欧化が進み、奢侈の気風も人々の心をとらえていく。

巣鴨に癈兵院が誕生した数か月後に、「癈兵の不埒」という記事が掲載される（一九〇八年十一月五日東京朝日朝刊）。東京の牛込区（当時）に、「戦病、戦没者遺族救護」を目的とした東京慈善会なる団体があった。実態は、癈兵が小間物を販売する営利組織だ。警察は説諭の上、解散させた。

朝日新聞の紙面をおうと、「癈兵授産」をうたう広告が、一九〇六（明治三十九）年秋頃から頻繁にあらわれる。石鹸、歯磨き、香水、洗剤の販売を癈兵に勧誘する、そのような内容である。広告主のすべてが、「不埒」かどうかはわからないが、癈兵による訪問販売が社会問題化していたことは事実であろう。一例をあげると一九一〇（明治四十三）年四月二十二日の記事（「偽癈兵の行商」）は以下のように書く。

近来、癈兵院の癈兵なりと称し白衣を着《ちゃく》し赤十字の記章ある帽子を戴きたる者市の内外を行商し如何《いかが》はしき物品を高価に売付け若し之を拒めば忠勇なる癈兵を侮辱するものなり抔《など》と暴言を吐き散らす者あるが東京癈兵院に収容する癈兵は官の給与を受け其余生を楽しむものなれば行商に依り営利の途を講ずる如きは絶無なり（　）上記の行商を為す者は癈兵の名目を詐称して世人を欺瞞する詐欺漢なれば世人は之に瞞着せられざる様注意ありたしと川﨑癈兵院長は語る。

（一九一〇年四月二十二日東京朝日朝刊。句読点引用者、以下同じ）

この記事があらわれるのは明治末年のことだが、時代が大正へくだると、社会の癈兵に対する眼もさらに変化を遂げていく。ありていにいえば、遠ざけるようになっていくのである。上記のような「癈兵の不埒」や、「詐欺漢」がその流れを加速させた。

江口渙に「中尉と癈兵」という小説がある。初出は一九一九（大正八）年発行の雑誌「新小説」だ。日露開戦からすでに十五年の月日が経っていた。

創作ではあるが、明治から大正への時代の変化と、当時の癈兵の置かれた状況がわかるので、あらすじを記しておきたい。なお、江口渙は大正初年にデビューし、昭和になり社会主義に接近した作家で、活動家でもある。「中尉と癈兵」は、鈴木貞美『モダン都市文学Ⅷ プロレタリア群像』におさめられている。そこから引く。

主人公の「園信次」は福知山聯隊（第十師団歩兵第二十聯隊）少尉として日露戦争に出征した。一九〇四（明治三十七）年夏におこなわれた遼陽会戦の最終局面、首山堡の戦いで、戦友が倒れていくなか、幾度も突撃し、軍功をあげる。だが、敵砲弾によって左足を負傷し、膝から下を切断する。園は、その戦功によって中尉となり、功三級の金鵄勲章と恩給を受けることとなる。首山堡の戦いは遼陽会戦の天王山だった。そこで戦死した歩兵第三十四聯隊の橘周太は、廣瀬武夫とならぶ陸軍の軍神となった。当時「園信次」は、しばしば新聞にも取り上げられた、そのような設定である。

帰還後、東京麴町にある旧藩主の屋敷に身を寄せ、書記頭をつとめていた。それも、園の「赫々たる武勲」におうところが大だった。すでに入院していた病院の看護婦と結婚しており、一家でその旧藩の家で暮らすようになったのである。

だが、藩主が他界し、代が若当主に変わると、育英会設立のために、麴町の家屋敷は売却されることとなる。園は妻と二人の子とともに、借家へと引っ越さざるをえなくなった。場所は巣鴨だ。

園信次には文藻があり、麴町にいた時にも、戦争譚を雑誌に投稿し、いくばくかの稿料を得ていた。しかし、転居時はすでに大正に入っており、出版社をまわっても、編集者からかえってくる言葉は、「欧州戦争のものなら何時でも戴きますが、日露戦争では読者の方があきあきしていますから」とすげないものだった。日露戦争の記憶は遠いものとなっていたのだ。また園は、新たに欧州戦争を描くために必要な語学の素養ももちあわせてはいなかった。

想像するに、このあたりを書くにあたって作者・江口渙の頭の中には、水野廣徳のことがあったのではないか。欧州戦争を描く水野については改めて記すこととする。

話をもどす。巣鴨の借家には風呂がなく、銭湯を使わねばならなかった。しかし、片足を失った園に投げかけられる視線は、「あわれみと蔑《さげすみ》と軽い嫌悪との心持が絡み合っている瞳ばかり」だった。日露戦後の数年間、風呂屋に行くと、「名誉の負傷」とささやかれ、見ず知らずの人から、戦闘の状況について聞かれることもあった。新聞で「園信次」の名を眼にした人もおり、話に聞きほれる人もいた。しかし、十数年の歳月を経て、周囲の眼はすっかり変わってしまったのである。

ある時、外回りから家へもどると、聯隊の部下で、一等卒だった岡井が来ていた。岡井も負傷兵で左腕がきかなくなっていた。彼は一旦郷里にもどり在郷軍人会で書記をつとめていたが、景気悪化による人員整理で職場をおわれることとなる。上京し、転がり込んだ先が「日本癈兵救護会」なる組織だった。

その後岡井は、園の留守に歯磨きなどを売りに来るようになった。その値段は市価よりも高い。園の妻が逡巡すると、岡井は表に聞こえるように、園夫婦のなれそめを語りはじめる。妻は体裁を気にして、岡井から小間物を買わざるをえなかった。

「中尉と癈兵」には、岡井以外にも、行商をする癈兵がでてくる。園が息子と銭湯へ行くところで、演説をする「癈兵」に出くわした。二人組で、黒い詰襟の男が一席ぶち、カーキ色の服がしたがっていた。前者は鉄嶺の追撃戦で、後者は樺太の占領戦で負傷したと自称し、陸軍省の発行する癈兵章をもっていると言う。その詰襟男の口上を引く。長くなるが、彼らが市価より高いものを売る理屈がお分かりいただけるだろう。


みなさん。吾々はかつてみなさんに代って国家のために命懸けで敵と戦いました。無論命懸けで戦争に行ったものが無事に生きて帰って来られれば、それだけでも十分有難い事であるかも知れません。然し生きて帰っては来たもののこんな不具になった以上何処へ行っても使ってはくれず、自分で働きたくっても働くわけには行きません。手内職をして死ぬほど稼いだ処で健康な者の半分も稼げません。殊に物価騰貴の折柄このままで行けば吾々は結局飢え死にをする外はないのであります。それも吾々だけが飢えるのでなく、親兄弟までも飢えるのであります。だから吾々はみなさんのご同情に訴えて是非とも多少のお助けを希いたいのであります。若しかつてみなさんに代って働いた名誉の負傷者が、平和の時代になってからその名誉の負傷のため働けなくなって飢え死にをしなければならないのを少しでも気の毒とお思いなさって下さる方があれば、どうか吾々の売っている品物をお買い下さい。吾々は偽物の癈兵のように玄関に座り込んで無理に押しつけをするようなことはいたしません。唯、厚い御同情に訴えるのであります。

男の演説は、悲壮をよそおい、誇張をまじえていた。それゆえに、聞いているものに空虚な感情をもたらし、同じ癈兵である園信次にさえ、忌避感を抱かせるものだった。

数日してまた岡井がやって来た。園は、詐欺同然のことはするな、と岡井を追い払う。家を出た岡井は表通りで、仲間の癈兵に、「遣繰中尉の吝嗇坊野郎がとうとう怒りやがった」と大声をあげた。この場合の「遣繰《やりくり》」は貧乏と同義だ。岡井が商売をはじめる前、上官だった園は、岡井にいくばくかの金を渡していたが、恩を仇で返されることとなったのだ。

岡井をふくむ七、八人の癈兵は、通りで口上をぶちはじめた。それは、以前の黒い詰襟の男と同じような内容だった。路地の家はどこも戸口を閉じ、ひっそりと静まりかえっている。業を煮やした癈兵は、口ぎたなく罵るのである。「貴様達のために不具となった俺達の事を忘れたか……恩知らず奴。吝嗇坊……貧乏人……馬鹿野郎」。

その言葉は、園の忍耐の限度を超えるものだった。「自分も軍人であり、同じ癈質者である以上、あの罵詈讒謗だけは是非とも止めなければならない」と心の中で叫ぶ。だが、片足の園は容易に立ち上がれない。松葉杖を妻から受け取る前に、岡井ら癈兵の行商人は、「癈兵の歌」なる悲しい調べをうたいながら、巣鴨の路地を去っていくのだった。

要約では、原作の持つ味わいを伝えることはできないだろうが、主人公「園信次」のやるせなさは、多少ともお伝えすることができたのではないか。日露戦後の癈兵の置かれた状況と、明治から大正への時代の変化が、胸に突き刺さってくる、そんな結構の小説である。

例の残桜会で今度は

ここまでの話は、国家政策としての癈兵救護と、その措置が十分でないために、癈兵が手をそめるいかがわしい商売と、彼らを見る社会の眼の変化である。松田英里『近代日本の戦傷病者と戦争体験』を読み、日露戦後しばらくしてから、癈兵自らが待遇改善のために立ち上がった史実を知った。

第一次世界大戦を機に、物価が高騰し、暮らしを直撃した。そのような中、一九一九（大正八）年に、恩給増額をもとめる組織、桜会が結成されたのである。会員は癈兵とその遺族からなっていた。大正八年とは、先の江口渙の小説が発表された年である。残桜会をふくめた癈兵団体の働きかけが奏効し、一九二三（大正十二）年に公布された恩給法では、増額が認められることとなった。

だが、残桜会はその後、内紛をおこす。理事長の谷田志摩生《しまお》が会員に対して、恩給改善の成功報酬をもとめ、そのことが暴露されたのである。今度は谷田が、名誉棄損で自らを告発した幹部を訴える。残桜会の内訌は司法の場に持ち込まれる。法廷では癈兵をつかって金儲けを、という谷田の発言までもが証言される（一九二四年八月二十一日東京朝日夕刊）。結果、三百名の廃兵が残桜会を脱会（同年十月三十一日東京朝日夕刊）、別組織となる東京癈兵団の支部が結成された（同年十一月一日東京朝日朝刊)。

一九二五(大正十四)年一月に開かれた残桜会による癈兵遺族連合大会では、関東大震災で給付された救護品の不正を告発するビラがまかれ、殴り合いまで繰り広げ、憲兵までもが出動した。事件を報じる記事には、「例の残桜会で今度は大格闘」との見出しが付された(同年一月十七日東京朝日夕刊)。

そのような事件の後におこなわれたのが、残桜会による満鮮追悼旅行であった。「例の」という不名誉な記事の三か月後のことだった。それは、日露戦争の戦跡をまわり、戦没者を慰霊する旅である。

一行は四月十三日に東京駅を出発し、十五日に下関から船で釜山へ、釜山から京城、平壌を経て、奉天、撫順をめぐり、遼東半島を南下、最後に旅順、大連をまわって、船と鉄道に分かれて帰国した。二週間の旅だった。

旅順では、白玉山の納骨祠で手をあわせた。二〇三高地へものぼった。大連では市民の歓迎を受ける。では、戦蹟を訪ねた癈兵はいかなる感慨をもったのか。

実は、この追悼旅行はワシントン会議のあとのことだ。一九二一(大正十)年十一月から翌年二月にかけておこなわれたワシントン会議では、海軍の軍縮が決まった。日露戦争でつかわれた艦船も廃棄された。その中には、東郷平八郎が乗艦した聯合艦隊の旗艦・三笠もあった。

中途半端な終わり方となって恐縮だが、この続きは、ワシントン体制という軍縮の時代を振り返りながら、語りなおした方がよいだろう。この満鮮追悼旅行における旅順戦蹟巡礼の話は第六章ですることとする。

第四章　アカシヤの街

「交通の中心・常盤橋」満鉄・鉄道総局『大連』昭和 12 年

「大広場とヤマトホテル」満鉄・鉄道総局『大連』昭和 12 年

旅順には一度しか行ったことがないが、大連には何度か訪れたことがある。たかだか三十五キロ先の旅順に足をのばすことはできなかったのだ。外国人に門戸を閉ざしていたからである。同じ市内の西の街・旅順には行くことができない、という思いが、旅順へと向かうひとつの動機となっている。大連と旅順は同じ行政区・旅大市にあった。

確か一九九〇年代前半のことだが、かなり長い日数を大連で過ごす機会を得た。日系企業の展示会があり、事前準備で数回訪れ、本番の会期前から終了まで二週間近く大連に滞在したのだ。大連は中国東北地方の玄関口、東北で販路を拡大する時は、大連でプロモーションをすることが定石となっていた。展示会はアカシヤの咲く初夏に開催された。

休みの時間を利用して『アカシヤの大連』をもって街を歩いた。「アカシヤの大連」は大連で生まれ育った清岡卓行の小説で、一九六九年の芥川賞受賞作、文庫版の『アカシヤの大連』には、「大連小景集」という再訪記も収録されており、街歩きには最適のテキストだった。

大連の都市設計は帝政ロシアが青写真を描き、それを日本が引き継いだ。市の中心部は幾何学的にデザインされており、その中心は中山広場だ。日本の租借時代に「大広場」と呼ばれたその円型広場と、広場をめぐる建築群を眼にした時の驚きは今も記憶にのこっている。二十世紀初頭に建てられた建築物は、上海の共同租界・外灘（バンド）の摩天楼よりも低いが、円状にならぶ洋風建築はどれも個性的な顔をしており、人を圧する力をもっていた。

ロシア租借時代の名はニコラエフスカヤ広場、皇帝の名をとり、パリのエトワール広場を模してつくられた。広場からは、本家より二本少ない十条の通りが放射状に伸びている。その十本の通りの幅は一様ではない。最も広いものが、広場から東に向かう人民路と、その反対に西に伸びる中山路で、そこから大連市政府のある人民広場へと向かうあたりが大連という街のハイライトに感じられた。市政府はかつての「関東州庁」で、そのまわりには裁判所などの公的機関がならぶ。関東州庁は、当初、旅順にあったが、大連の発展によって、この地に移されたのである。本章扉の常盤橋は大広場と関東州庁の間にあった。

中山広場の南側には大連賓館が建つ。かつての大連ヤマトホテルだ。他のヤマトホテル同様に、南満洲鉄道の経営でその第一号だった。ヤマトホテルは米国ルネッサンス様式の四階建てで、第一次世界大戦直前の一九一四（大正三）年四月竣工、ちなみに、同年末に東京駅が開業している。ヤマトホテルの偉容には、東京駅同様に、「一等国」の自信がただよっていた。

南山麓と「打倒日本」

中山広場を背にして大連賓館の左側にある解放路を南に行くと、少しせりあがった高台に、威圧的な建物が目に入る。大連鉄路医院、かつての満鉄病院である。病院は坂にあるので、見るものを睥睨する面構えをしている。その裏手の斜面に住宅地がひろがっていた。南山麓である。そこが、清岡卓行が育った場所だった。その中腹の家から、朝日小学校、大連第一中学に通った。あとで知ったことだが、作家の渡辺京二も、南山麓にある南山麓小学校から大連第一中学へと進んでいる。

南山麓の家屋は、いくつかの開発業者が建てたもので、少しずつ意匠が異なり、瀟洒な家屋が山の斜面にならんでいた。豪壮な屋敷もあるのだが、多くは大連の中産階級の家だった。満鉄病院の裏に鏡ケ池と呼ばれた池があり、その先に家があったと清岡は書いていた。「共栄住宅」という住宅地の東端、緑の屋根、白い壁、赤い塀の煉瓦造りの二階建てで、門の内側にイチョウがそびえていたという。文庫を片手にその家をさがした記憶がある。

中山広場から東にはしる人民路、そして西へと伸び、市政府へと至る中山路の威風堂々とした佇まいには圧倒されたが、私はどちらかというと南山麓に引きつけられた。満鉄の職員をはじめとする大連の日本人は、このようなところに住んでいたのか。植民地、この場合は租借地だが、そこでの暮らしが髣髴とさせられる、そのような思いがしたのだ。清岡の父・己九思《きくし》は満鉄の技師だった。旅順の旧市街と新市街を架橋する日本橋（現解放橋）は、父の「処女作」だったという。

南山麓の住宅地を歩いてはじめて、「アカシヤの大連」の感傷が前に出た文章が理解できる気がした。このようなところで少年時代を過ごし、時代の不可抗力によって郷里を離れねばならなかったのであれば、感情が先走る文体にならざるをえない、と思えたのである。

「アカシヤの大連」には大連で活躍した詩人と野球選手が描かれていた。「てふてふが一匹韃靼海峡を渡つて行つた」という一行詩「春」で著名な詩人・安西冬衛と、大連実業から明治大学、巨人軍とすすみ再度大連実業にもどってきたスター選手・田部武雄である。

清岡は、大連に当時二つあった野球場で、田部のプレイを見ている。田部の走塁は巧みで、清岡の表現を借りると、「芸術的な爽やかさ」をともなっていた。大連には大連満洲倶楽部と大連実業という二つの野球チームがあり、覇を競っていた。都市対抗野球の第一回から第三回は、大連のチームが優勝した。大連は野球の強豪都市だったのだ。

清岡は田部を回想する文章の中で、大連は近代化の実験の場だったと語っている（「野球という市民の夢」『大連小説全集』下）。むろんそれは、帝国日本の対外拡張の結果であり、また、安西冬衛や田部武雄を生んだ都市文化が、満蒙からの資源の獲得とその下層労働者によって支えられたものであったことも事実であろう。清岡はそのことにも触れている。

ある時、同級生を訪ねて寺児溝へ行った。寺児溝は港に近いところで、港湾労働者・苦力が多く住み、バラックが立ちならぶ貧民街である。共同便所に入ると「打倒日本」と殴り書きされていた。小学校高学年の清岡は恐怖におののく。

一九四〇（昭和十五）年から一九四七（昭和二十二）年まで大連に暮らした渡辺京二は小学校のクラスを支配していた二人の同級生の陰湿ないじめについて書いている。二人は大連の有力者の子どもで、ブルジョア子弟のいやらしさを存分に発揮する存在だった。他方、大連っ子が初めて門司に降り立った際の「幻滅」にも触れている。「大連の西洋化された街、広い通りに高層ビルを見慣れた眼には、軒の低い日本の街並みにがっかり」だったというのだ。大連の中学校や女学校の修学旅行は「内地」だったのである（『無名の人生』）。

『アカシヤの大連』を指南書とした街歩きから感じたことは、かつての日本が、租借地大連に、贅をつくした街をつくり、モダンな都市文化を創造した、ということだ。港は「興亜」の玄関口であり、満洲国建国後は、大連駅からあじあ号がハルビンまではしり、鉄路は欧州まで続いていた。大連はヨーロッパとアジアを結ぶ要衝だった。付け加えると、あじあ号が発着する大連駅の新しい駅舎は、盧溝橋事件の前の月、一九三七（昭和十二）年六月に竣工している。それは東京の上野駅と同じデザインだ。

では、この国際都市大連は「聖地旅順」とどのようにつながっているのか。この章では、帝政ロシアが構想したダーリニーからはじめ、一九一五（大正四）年に市制化するまでの大連を見ておくことしよう。

期限二十五年の租借

先に大連港は興亜の玄関と書いた。清岡卓行も内地との行き来に大連港を利用している。一九四八（昭和二十三）年の引き揚げの際も、この桟橋から引き揚げ船・高砂丸に乗った。

清岡の三十四年ぶりの大連訪問は一九八二年のことで、その時、かつて父が働いていた埠頭事務所の屋上から大連港を眺めている。一時期、清岡己九思は大連築港事務長をつとめており、父を訪ねて埠頭事務所の建物にも入ったことがあった。目の前には船客待合所が見えた。

船客待合所は大連港の顔だった。一九二四（大正十三）年に建てられたその建物は、半円形の台座に二十数段の階段をもち、その屋根も半円形で、上下を六本の石の円柱が支える特徴的な建物だ。

「埠頭より乗船する旅客が、何人も吃驚《きっきょう》讃嘆《さんたん》する處のものは、工費七十万円を投じ、収容能力五千人、船車連絡の設備を有する船客待合所である（。）宜なる哉（、）これは大連埠頭が世界一と誇るところのもの」だ。戦前の観光案内書はそのように書く（松重充浩他『大連旅順観光案内』）。

「船車連絡」の意味するところは、南満洲鉄道の鉄路は埠頭まで引き込まれていたのである。だが、大連港を「世界一」にしようと構想したのはロシアであった。港には四つの埠頭があった。その第一埠頭と第二埠頭はロシアがつくり、それを日本が継承した。第一埠頭は「大埠頭」、第二埠頭は「繋《けい》船《せん》埠頭」と呼ばれていた。

いまだロシア租借時代の一九〇二（明治三十五）年九月、かの地を訪れたロシアの蔵相ウィッテも、工事中の埠頭を見学している。その時ウィッテは、旅順、大連、ウラジオストクと極東をまわっている。そこで彼は、「自分のこころが暗くなるのを禁じえないものがあった」と述べている（ウィッテ『ウィッテ伯回想録 日露戦争と露西亜革命』）。何が心を暗くしたのか。それは、あとで触れることとする。

いま私は「大連」と書いたが、中国人が「青泥窪《チンニーワー》」と呼んだこの地を、ロシアは「遠方」を意味する「ダーリニー」と名付けた。それは一八九九（明治三十二年）年七月にニコライ二世がウィッテに与えた勅令によるもので、そこで、ダーリニーを自由港と定めたのだ。軍港・旅順とは異なる地位をこの港に与えたのである。なおここでは、ロシア租借時代でも、便宜上、旅順、大連と呼称することとする。

そもそも青泥窪を「港」として認識したのは、イギリスだった。第二次アヘン戦争の折、英国は大連湾をビクトリアベイと名付け、旅順はアーサー親王にちなんでポートアーサーと呼称した。時は飛んで一八九五（明治二十八）年、日清戦争の講和条約・下関条約で日本は賠償金二億両と、遼東半島と台湾、澎湖諸島を得ることとなった。ただちに露、独、仏からの容喙がはいる。その三国干渉によって、同年十一月に遼東半島を清国に返し、かわりに還付金を得ることとなる。

すでにシベリア鉄道の建設を開始していたロシアは、中国を横断する鉄道を計画する。シベリアを通って沿海州へ出るよりも、東北地方を突っ切る方が距離の短縮となるからだ。一八九四年十一月にはアレクサンドル三世が死去し、代はニコライ二世に変わっていた。ウィッテは、その短縮線の提案を新帝にあげる。そして、ニコライ二世の戴冠式に出席した李鴻章との間でとりかわされたのがカシニー条約であり、そこで、シベリア鉄道に接続させ、東北を横断する鉄道・東清鉄道の建設が決まった。

清朝に関与し、その資源を獲得しようとする国はロシアだけではなかった。アヘン戦争でその先鞭をつけたのがイギリスであり、他の国はイギリスの顔色をうかがいつつ、清朝に圧力をかけていた。カシニー条約締結の後、ドイツは自国の宣教師二人が殺されたことを理由に膠州湾を占拠した。先んじて膠州湾に食指を動かしていたのはロシアだったが、それをかっさらったのである。その動きにロシアも反応し、一八九七年十二月にニコライ二世は旅順の占領を裁可する。

ウィッテは、東清鉄道以南へは侵入しないとする李鴻章との盟約を守ろうとしたが、帝政内の異なる勢力によって南進が進められてしまった。それが、ウィッテの心を暗くした原因のひとつだった。結果的にそのような極東政策の齟齬が、日露戦争の敗北へ、さらに、帝政の崩壊へ、とつながっていくこととなる。

翌年一八九八年三月に、パブロフ条約が結ばれ、ロシアによる旅順港と大連湾の租借が決まった。期限は二十五年、その長いようで短い期間が、日本の行く末を左右することとなる。

忠臣ウィッテは、李鴻章と外交官僚・張蔭桓《ちょういんかん》にそれぞれ五十万と二十五万ルーブリの賄賂を贈り、遼東半島租借の了解をとりつけた。ロシアは同年七月に、ハルビンから遼東半島を南へ、旅順まではしる東清鉄道南部支線の権利を獲得した。ダーリニーと命名した勅令はその翌年に出されている。

ではそれらの一連の動きは日本にどう見えていたのか。旅順の租借に鉄道建設、韓国への干渉、加えて、義和団事件後のロシア軍の残留は、日本にとって、自らの死活を決する要因にうつり、開戦を決意する理由となった。そのために必要な後ろ盾が日英同盟だった。イギリスは金とダイヤの利権がからむボーア戦争に傾注せねばならず、極東におけるロシアへの牽制を日本に託したのだ。

武断一片に非ざりし

大連建設をまかされたのはサハロフだった。彼は東清鉄道の技師長で、ウラジオストクの埠頭の築造で功績をあげていた。先に述べた通り、港には二つの埠頭を建設し、一年で約五百万トンの貨物を取り扱える大商港を構想した。

では陸の開発はどうか。青泥窪の土地を買収し、三つの区域にわけた。港のすぐ南に位置する地域を行政区として市役所などを置いた。なお、大連港は北に向いている。その湾岸沿いの行政区と南山との間をヨーロッパ市街とした。その二つの区域の西が中国人街だ。都市建設は山東からの労働者を雇用して、あたらせた。

欧州を模した市街の中心にニコラエフスカヤ広場をつくり、その東西に幹線道路・モスコフスキー通りを造成した。広場から東が現在の人民路で、西が中山路だ。行政区の東西にはキエフスキー通りをとおした。通りには並木が植えられた。それが「アカシヤの街」の起源である。

大連、旅順、金州には苗木を育てるための苗圃《びょうほ》がつくられ、苗木はシベリア鉄道で運ばれた。大連の建設には約三千万ルーブリという巨額の予算が準備された。ロシアはまさに「遠方」に四海に通ずる港湾都市を構想したのである。

そのダーリニーは、日本では多く「ダルニー」と呼称された。読売新聞と朝日新聞のアーカイブで検索すると、当時両紙は、幾度もその建設状況を絵入りで報じている。本来は自分たちが手にすべき土地に、ロシアによる巨大な商港が建造されようとしている。注視せずにはいられなかったことだろう。

朝日新聞の主筆・池辺三山は、建設途上のダルニーを目にした所感を一九〇二（明治三十五）年一月の社説でまとめている。朝鮮から中国をめぐり、ロシアのダルニー、イギリスの威海衛、そして日本の釜山という三つの租借地の比較を試みているのだ（一九〇二年一月二十日〜二十二日東京朝日朝刊「日英露三国経営」）。

形勢の勝を作為するの雄偉なるは、蓋し東洋第一ならん。其の根柢としては、東清鉄道あり、西比利亜鉄道あり。以て西欧と東亜と大西洋と太平洋とを聯絡す。聯絡線の咽喉はダルニーなり。経営の設計、焉《いずくん》ぞ雄偉ならざるを得んや。露国人百年の念願、今方《まさ》に此に酬われつつあるを知らずや。

（一九〇二年一月二十日東京朝日朝刊）

ヨーロッパロシアから、シベリア鉄道を経て東清鉄道、さらに、その南部支線を通じてダルニーへと通じるルートが、西洋と東洋、さらに大西洋と太平洋をつなぐ幹線となる。その結節点（咽喉）がダルニーだ。池辺は、日英露の租借地比較の最後に、「露国の大に若くもの莫し」とその優位性を指摘する。

商業港・大連の経営がすぐれているのは、それが軍主導ではなく、ウィッテ（大蔵大臣）とサハロフ（東清鉄道）によりおこなわれたことも一因であろう。一九〇二（明治三十五）年に大連が特別市になった時、サハロフは市長を兼任することとなる。中国を横断する鉄道の経営を、政府ではなく、民間会社に委託することは李鴻章の主張であり、ウィッテはそのために露清銀行をつくった。日本はそのモデルを踏襲し、半官半民の南満州鉄道株式会社を創設したのである。

しかし、大連の経営は、大蔵大臣・東清鉄道のラインでおこなわれたが、その上にある関東州の統治は異なる系統にあった。関東州は海軍中将であったアレキセーエフがになった。彼は関東州長官の他に、陸軍司令官、太平洋艦隊司令長官を兼務した。一九〇三年段階で、関東州の駐屯陸軍は一万五千いた。ウィッテは、旅順と大連を分離した経営を「二頭政治」と呼んだ。そのことも彼の心を暗くしていた。

一九〇三年にアレキセーエフは極東太守となる。その所管は関東州のみならず、ザバイカル、黒龍、沿海、東清鉄道の管理地域と広大なものだった。「其権限絶大にして宛然《えんぜん》副王の如き観あり」と『満洲十年史』（伊藤武一郎）は記す。その極東全域を統べる拠点が旅順だったのである。結果的にそのような旅順と大連との管理系統の違いが、大連の防備の手薄につながり、早期の陥落を招く。

話を日本の大連占領に移す。一九〇四（明治三十七）年二月八日に日本海軍は旅順口を奇襲攻撃し、二月十日に宣戦布告する。それから三か月後の五月二十六日に第二軍は金州南山を攻略、大連にせまった。サハロフはじめ同地のロシア人は鉄道や徒歩で大連を脱出、アレキセーエフ一行は東清鉄道南部支線で北へと向かった。七月五日に日本軍の野戦鉄道提理部が大連に到着、早速、南部支線の軌間を、ロシア仕様の五フィートから、日本仕様の狭軌三フィート六インチにかえる。

関東州を占領した日本軍は、苗圃にロシアがのこした大量の苗木を発見する。大連には、カエデ六万七千五百本、アカシヤ四万四千九百本、松二万二千四百五十本、ねむの木二万千八百本、白楊一万七千五百五十本など総計二十四万本の苗木があった。金州、旅順は総計だけ記すと、金州四万八千本、旅順には七十二万三千本もの苗木がのこされていた。

それらの苗木はアレキセーエフが取り寄せたものだった。関東州における森林の荒廃は眼に余るものがあった。膠州湾においてドイツは植林をはじめており、それをロシアが模倣したのだ。アレキセーエフは林業技師の派遣も要請していた。緑化は市街地だけでなく、周辺の山々にもおこなう予定だった。『満洲十年史』は以下のように書く。

斯くの如く百年の長計を一粒一顆の種子より起し、緑樹鬱蒼州内を蔽はしめ、終には天を摩《ま》するに至らしめんとせし、露国の関東州経営は決して武断一片に非ざりしを観るべし。

先の池辺の社説と上記の記述から読み取れることは、ロシアによる関東州経営は「武断一片に非ず」、長期的な視野（百年の長計）に立つものだったのだ。寒冷地に住むロシア人にとって、緑あふれる、さらに不凍港の港湾都市は、長年の夢だった。別の言い方をすれば、ロシアは関東州を二十五年で清朝に還付する気はさらさらなかった、ということだ。

南満洲鉄道の創立

日本陸軍の騎兵斥候部隊が大連に入城したのは、サハロフが去った後、五月二十九日のことだった。サハロフにはひとつ逸話がのこされている。旅順から大連港の爆破が指示された。試したが一部しか壊すことができない。サハロフは港をすべて破壊するには、旅順のすべての火薬が必要だと返答した。港はそれだけ堅固につくられていたのである。そのようにして、「東洋のパリ」は大きな損傷もなく、日本の手中におさまることとなった。

その後、軍政がしかれ、家屋の破壊状況と在住人口の確認がおこなわれた。当時の人口はわずか二千九百九十一人。海軍は周辺海域の掃海作業を進め、港に司令部を設置、港湾の管理と軍需品の輸送がはじまる。地名が「大連」となったのは、翌年一九〇五(明治三十八)年の紀元節二月十一日のことだ。その年の六月には、関東州民政署が設置される。

大連への邦人渡航が解禁となるのは、ポーツマス条約締結後のこと、同年十二月二十二日に、清朝との間に交わされた条約により、関東州の租借権と長春以南の鉄道の経営権が日本にうつった。だが、その租借期限は、ロシアがその権利を得た年から二十五年に限定されていた。それが「満洲問題」としてのこっていくこととなる。

日本はポーツマス条約の翌年一九〇六(明治三十九)年八月に、大連港で輸出入される貨物には税を課さないと宣言、ロシアと同様に、大連を自由港とすることを明らかにしたのだ。港以外に、大連を大連たらしめたものに満鉄があった。

南満洲鉄道株式会社は、一九〇六（明治三十九）年十二月に創立され、翌年四月に付属施設が軍から同社に引き渡された。その満鉄総裁に就任したのは後藤新平だった。後藤を推したのは児玉源太郎だ。児玉は、一九〇六（明治三十九）年一月に満洲経営委員会の委員長の職についていた。

衛生官僚であった後藤を児玉が引き立てるきっかけとなったのは日清戦争で、児玉が第四代目の台湾総督となった一八九八（明治三十一）年に、後藤を民政長官に指名した。それまでの三代の総督の任期は長くて一年強だったが、児玉の任期は八年に及んだ。

日露戦争中に児玉は後藤に「満洲経営」を下問し、講和締約以前にその経営方針となる「満洲経営策梗概」がまとめられた。その冒頭には、「戦後満洲経営唯一ノ要訣《ようけつ》ハ、陽ニ鉄道経営ノ仮面ヲ装ヒ、陰ニ百般ノ施設ヲ実行スルニアリ」と記されていた。満洲経営の要を鉄道に置くとするこの考えは、後藤のアイディアと言われるが、杉山茂丸の献策があったという（鶴見祐輔『後藤新平』第二巻）。杉山茂丸は、伊藤博文をはじめ歴代の指導者の参謀をつとめた無官の人物、鶴見祐輔の言葉を使えば「稀代の智謀家」で、後藤のブレーンでもあった。

満鉄の構想は、イギリスの東インド会社とロシアの東清鉄道にもとめることができるが、炭鉱開発をふくむ鉄道事業は、明治二十二年に誕生した北海道炭鉱鉄道会社（北炭）に見ることができる。いずれにしても、満鉄の業務は、鉄道のみならず、港湾、鉱業、のちに製鉄、製油など広範囲なものとなった。「梗概」の通り、百般の施設を実行するものだったのである。

異なる経営方針

だが、後藤の総裁就任はすんなりとはいかなかった。当初後藤は、首相の西園寺公望の要請も、児玉のそれも断っている。否とした理由は、「満鉄会社統理の中心点明らかならず」というものだった。中心点がないとは如何なることか。「一方に関東都督の監督を受くると共に、他方に於て外務大臣の指揮に俟たざるべからざるが如きは、到底満鉄総裁として殖民地経営の大任を全うする能わず」というのだ。

ウィッテは関東州の二頭政治を憂慮したが、それがさらに、三頭政治になってしまうのである。満洲における多頭政治問題は、その後も尾を引くこととなる。

児玉は後藤に直談判で総裁就任を依頼、その話し合いは三時間半に及ぶものだった。しかし、後藤は首を縦にふらない。その十時間後、児玉は脳溢血で倒れる。恩義ある児玉の死によって、後藤は総裁を受け入れざるを得なくなる。では、児玉の「満洲経営」の要諦とは何だったのか。後藤に総裁就任を説得した際の言葉からひろってみよう。

> 今鉄道ノ経営ニ因リテ十年ヲ出テサルニ五十萬ノ国民ヲ満洲ニ移入スルコトヲ得ハ、露国倔強ト雖モ漫《みだり》ニ我ト戦端ヲ啓クコトヲ得ス。
>
> （後藤新平「就職情由書」満鉄会『満鉄四十年史』）

満洲へ五十万人を入植させれば、ロシアはたやすく手が出せない。満鉄は殖民を促す重要な輸送路だというのだ。

ひとつ、生前の児玉の満洲経営に対する考えが伺えるエピソードを紹介しておく。『大連市史』には、日露戦争直後の大連経営を回顧する座談会がおさめられている。座談会が開かれたのは一九三五（昭和十）年、都督府最初の民政署長・関屋貞三郎が大連を訪問した時におこなわれている。場所はヤマトホテルだ。

都督府開庁直後、当時、総参謀長だった児玉源太郎は桂太郎をつれて民政署を訪れ、大連の建設についてあれこれ指示した。その時、強調したことは、「火葬場、墓地はなるだけ立派にしろ」というものだった。民政署長の関屋は、陸軍に依頼し、まず火葬場をつくった。つまり、児玉も関東州を二十五年で返還する気などいささかもなかったということである。

一方、児玉の遺志をついだ後藤の頭の中には、他の構想があった。彼の満洲経営を一言で述べると、「文装的武備」に要約できるだろう。文装的武備とは、「文事的施設を以て他の侵略に備へ、一旦緩急あれば武断的行動を助くるの便を併せて講じ置く事」だ（鶴見前掲書）。

鶴見はその具体策を、旅順工科学堂、大連病院、東亜経済調査局、満鉄中央試験所などの施設の創設に求める。旅順工科学堂は後の旅順工科大学である。同大学は日本で三番目の官立工科大学だ。大連病院は満鉄病院の前身である。東亜経済調査局は満鉄の調査機関で、後に満鉄調査部と統合される。中央試験所では産業振興のための研究がすすめられた。ちなみに、そこで開発されたガラスは現在も大連の特産品である。以前、北京で買った江戸切子を模した大連ガラスのグラスを、今も我が家では使っている。

後藤はそれらの文事的施設をつくることにより、殖民政策の恩恵を租借地の住民に提供し、同時に、他国に対し日本の満洲経営が開かれたものであることを示そうとした。この文装的武備は、後藤の殖民政策として人口に膾炙したものだが、その考えが生まれた背景には「旅順」があった。

鶴見前掲書には、後藤が一九〇七（明治四十）年八月に伊藤博文にしたためた書簡が引用されている。そこには、旅順を学術都市に、さらに商業地にすべきであるという構想が述べられている。それは何故か。ロシアと日本における旅順の価値は異なるものだからだ。ロシアにとって旅順は、極東の軍事拠点だ。一方、日本にとっては、象徴的な意味しかない。それなのに、日露戦後、海軍も陸軍もロシアから接収した建物にでんと腰をすえて、動こうとしない。それを改めさせるのが、後藤の「文装的武備」だった。

大連は満鉄主導で開発された。一方、旅順は、軍による統治が続いた。旅順は、一九〇六（明治三十九）年八月、軍政署が廃止され、関東都督府が誕生する。それまで関東州は軍政の総督がになっていたが、他国を配慮し、民政の都督府が設置されたのだ。しかし、そのトップは変わらず大島義昌だった。先に述べた通り、大島は日露戦争に参戦し、そのまま総督として旅順にのこったのだ。それによって旅順・都督府、大連・満鉄という二極体制ができあがった。当然のこと、旅順と大連の二つの都市としての差は拡大していくこととなる。そのひとつの指標として、関東州内と大連、旅順の人口を記しておくこととする。

一九〇七（明治四十）年の関東州の人口は四十三万四千二十九人（うち日本人六万九千三百三十八人）、大連は三万千三百二十四人（うち日本人一万六千六百八十八人）、旅順は一万二千九百二人（うち日本人五千七百人）だ。日露戦争前の大連、旅順とも日本人の人口が数百人レベルなので、急速に邦人が増えていることがわかる。特に大連では一般人の渡来が許可されるのが旅順占領後だが、それ以前から商売をしようと流入するものが跡を絶たなかった。一攫千金を夢見る「一旗組」である。

しかし、日露戦後から七年目の一九一三（大正二）年を見ると、関東州の総人口が五十九万五千五百九十四人（うち日本人九万三千百七十三人）、大連は七万二千四百八十三人（うち日本人三万六千九百六十二人）、旅順は一万七千九十六人（うち日本人九千百十四人）となる。旅順は日露開戦以前、四万人ほどの街だったが、大連と旅順の差は開いていくのである。つまり、商港と満鉄を有する大連の賑わいがまさっていくこととなるのだ。

日本人は該地方に血を植付けたり

本章の最後に、租借期限二十五年という「満洲問題」について記す。その問題がどのように日本の未来に影響、否、影をおとしたのか、そのことを説明する必要があるだろう。

その関東州の租借期限を延長させたのが、二十一箇条の要求だった。二十一箇条の要求は一九一五（大正四）年一月に大隈重信内閣が袁世凱政府（中華民国）につきつけたものだ。その契機は、第一次世界大戦において日本がドイツの租借地だった膠州湾を占領し、その権益を継承することにあったが、要求の目玉は関東州の租借延長だった。

旅順、大連をふくむ関東州の租借期限は、パブロフ条約の締結から二十五年の一九二三年三月までとされていた。満鉄の租借期限はそれよりも長かったが、いずれにしても、第二次大隈内閣がはじまった一九一四（大正三）年には、期限は十年を切っていたのである。それを延長することが、外務大臣となった加藤高明にとって最も重要な任務だった。

二十一箇条の要求の布石は、すでに外相就任前にはじまっていた。一九一三（大正二）年一月、駐英大使だった加藤高明は、帰任時にグレイ外相と会い、租借期限の延長について「隔意の無い諒解」を得ている。加藤はグレイに以下のように語った。加藤の問題意識がよくわかる文言なので、長めの引用となるがお許しいただきたい。出所は戦前に編まれた伝記（加藤伯伝記編纂会編『加藤高明』下）に掲載された会見録である。引用中の括弧は原文のままだ。

今茲に申述んとする問題は差当り解決を急ぐべき性質のものにも無之、又訓令により帝国政府の意見を陳述せんとする次第にもあらず。唯だ、本使（加藤―引用者）は近く当地を去るべく、且つ帰朝の上は多分帝国外交の衝に立つに至るべきが故に、此機会に於て特に貴大臣の考量に入れ置きたきものありて開陳する次第なり。所謂問題とは即ち曩《さき》に我国が清国より租借せる関東州租借地に関するものなり。関東州中、旅順大連の如きは貴大臣も熟知せらるるが如く（中略、この間、日清・日露両戦争の事情より該地方の価値に就いて述べた）、価値の問題は兎に角、日本の該地方に対する関係は、利害の考量を以て律すべきにあらずして、実に前述の如き歴史的感情的の因縁を有するものなり。従て日本は、旅順大連及其背後の地を含める関東州には永年之に占拠するの決心を有するものなり。是れ我国現政府の方針と云ふにあらず、如何なる政府の下に於ても不変の方針にして畢竟日本国民の決意に外ならず。其決意の表徴とも見るべきもの少なからずと雖も、彼等が関東州内に於いて樹木を植付けつつある如きは、実に不言の裡に此決意を示すものと言ふべきか。樹木を植うるは百年の長計なり。十年・十数年の後に還附せざるべからざる土地なりとせば、何人も之を試みざる可し。

日清戦争後の臥薪嘗胆、そして、日露戦争の壮絶な戦いを見れば、「歴史的感情的の因縁」も、また「日本国民の決意」もわからないではない。しかし、南満洲鉄道という「思いがけない余得」（加藤聖文『満鉄全史』）が転がり込んで来てからは、タテマエは「歴史的感情的の因縁」ではあったが、その実は「利害の考量を以て律すべき」問題に変わっていたのではないか。さらに、後段の樹木の話も、前掲の『満洲十年史』に記された史実とは違う。関東州での植樹は、寒冷地に住むロシア人の緑なす港湾都市への憧憬が発端だった。ロシアの緑化政策を日本が踏襲したに過ぎなかった。対してグレイ外相は、「貴使の説かれた所は能く之を諒せり」とし、以下のように答えた。

貴使は租借地に於て、日本人が樹木を植付けつつあることを述べられたるが、夫より以上、日本人は該地方に血を植付けたり（planted blood）。畢竟此問題は、貴国と支那との間に於て決せらるべきものにして、他国に於て容喙の要なからん。

同盟国であるイギリスの外相は、関東州は日本人が「血を植え付けた地」であるとしてその租借期限の延長交渉を諒とした。さらに、鉄道の租借期限の延長については、後日、外相の私邸で開かれた送別宴で加藤は持ち出しているが、そのことについても、格別の意見を言わなかった。その際に加藤は、その問題を中国に提案する時期について以下のように述べている。「凡そ事を起すには之を起すべき「サイコロジカル・モーメント」のあるべきものなり」、つまり適切な時機を選んで交渉に入る、と語ったのだ。

加藤高明は一九一四（大正三）年四月に大隈重信が組閣した折に外務大臣となり、ただちにその「サイコロジカル・モーメント」が訪れることとなる。それが、第一次世界大戦における日本の参戦だった。同年八月に日本は連合国の一員としてドイツに宣戦布告する。加藤はすでにロンドンからの帰路に中国へ寄り、在中国公使と袁世凱政府との交渉について話し合いをもっていた。

翌年一月に、在中公使から袁世凱政府に正式に提示されたのが、二十一箇条の要求だった。要求は五号二十一箇条からなっていた。第一号がドイツ権益の継承であり、第二号が旅順、大連の租借と鉄道期限の延長だ。それは、当初の二十五年から九十九年とするものだった。では、九十九年という数字はどこから来たものか。ドイツが膠州湾を租借した期間が九十九年であり、英国が香港の新界を租借したそれも九十九年だった。付言すると、九という数字は中国語の「久」と同音だ。未来永劫を意味すると言ってよいだろう。

二十一箇条の要求は、日本と中国との外交案件の総ざらいの観があった。加藤が外相に就任した際、外務省には「日支間の諸懸案が棚一ぱいに列んで居」た。そして、そのような日本の要望（それは野望とも言えるであろうが）をすべて交渉のテーブルにならべたものが、二十一箇条の要求だった。加藤のもとには、外務省以外からもさまざまな対華要求が出されていたという。

同盟国イギリスは、要求の眼目となる第二号については了解していたが、第五号の中国政府の財政、軍事の顧問として日本人を採用させる、という条項はあずかり知らなかった。袁世凱政府は直ちに日本からの要求内容を暴露し、列国は日本の行為に疑念を抱く。欧州では大戦が続いている。日本の対華要求はあたかも火事場泥棒のようにうつった。

日本は問題となった第五号条項をのぞき、同年四月に袁世凱政府に最後通牒を発し、翌月、その要求が受け入れられる。その受諾日である五月九日が、その後、「国恥記念日」として記憶されることとなる。その「国恥」という語が、それまで未定形だった中国の民族主義を凝固させていくのである。

露国経営当時の面影は殆んど夢の如き感あり

関東州に眼を転ずると、中国が要求を受け入れた同年の一九一五（大正四）年九月三十日に「旅順及大連市規則」が発布され、翌日十月一日より両市に特別市制が施行された。議長は市長が兼務したが、議会がつくられ市会議員が選ばれる。市民の自治組織も生まれた。二十一箇条の要求によって、関東州と満鉄はほぼ永久に日本の手中におかれることとなった。そのようにして大連には、清岡卓行や渡辺京二の「南山麓」がつくられていくのである。

他方、旅順には都督府はのこされたが、その前年（一九一四（大正三）年）に海軍の鎮守府が廃止され要港部となり、関東州海軍区は佐世保鎮守府の所管となる。旅順の軍港としての機能は著しく低下していった。一九一六（大正五）年に出版された『満洲十年史』は以下のように書く。

> 大連は年々家屋の新築と共に、市街の形態益々整ふものあるに反し、此地（旅順――引用者）は

戦時遺物の癈屋所々に散在し、露国時代別荘地として数十の大厦を建築せし黄金台附近は、今尚人の住む者稀れに、宏壮なる邸宅は徒らに風雨の荒むに委するのみ、露国経営当時の面影は殆んど夢の如き感あり。極東経営の策源地たりし露国時代の旅順と、関東州統治の中心たる今日の旅順とは其地位素より同日の論にあらず。

鎮守府から要港部への降格によって、海軍の人員も大幅に削減され、その任務も、関東州すべての海域の防衛から、旅順周辺に限定された。かくして旅順は、日露戦争で負傷した癈兵同様に、時代から取りのこされていくこととなる。そのような状況下で結成されたのが、満洲戦蹟保存会だった。保存会は、旅順の要港部降格の前年一九一三（大正二）年十一月に誕生した。会長は福島安正がつとめた。福島は日露戦争時の総司令部参謀だった。

旅順の表忠塔も、関東州に散在する表忠塔（金州、奉天、遼陽、安東など）も月日が経ち荒廃していた。会の使命はその保存にあった。予算は五十万円とし、募金がなされたが、寄付金は目標額の五分の一にも満たなかった。理由は、「戦後既に十年を経、且つ内地と相距ること遠きを以て、内地人は此挙に対して冷淡」だったから、という。

第五章　日本海海戦から西部戦線へ

「戦闘開始前に於ける三笠艦橋」（海軍参考館蔵、東條鉦太郎画）
水野廣徳『此一戦』博文館、明治 44 年

この章では、旅順を出発点として欧州へと向かう。道案内は水野廣徳にお願いすることとなる。ここで、欧州へと旅立つ理由は、日露戦争を戦った一人の軍人が、その体験をどのように世に問うたのか、それを当時の人々はどう受け止めたのか、さらに、日露開戦から十年後に起きた第一次世界大戦に触れて、いかなる感慨をもち、いかに思考を変化させたのか、そのことを確認しておく必要があると考えるからである。

第二章で述べた通り、水野廣徳は水雷艇にのって閉塞作戦に参加した。翌年一九〇五（明治三十八）年五月に起こった日本海海戦でも、バルチック艦隊への夜間攻撃にくわわった。水野が属する第十艇隊はその軍功により感状を受ける。聯合艦隊司令長官・東郷平八郎名で第九艇隊と第十艇隊の二艇隊に授与された感状は以下のように言う。

明治三十八年五月二十七日夜（、）風濤ヲ冒シテ敵艦隊ニ迫リ（、）有効ナルヘキ襲撃ヲ遂ケタルノミナラス（、）敵艦隊ヲシテ潰亂分裂セシメ（、）間接ニ翌二十八日ノ追撃戰ヲ利セリ（、）其功績少ナカラス（。）仍《よっ》テ茲ニ感状ヲ授與スルモノナリ。

まずは『此一戦』執筆の経緯からはじめることとする。

皇国の興廃此一戦にあり

五月二十七日払暁、五島列島北西で哨戒任務にあたっていた仮装巡洋艦・信濃丸はロシア船を発見する。ウラジオストクへと向かうバルチック艦隊は対馬海峡を通過することが明らかになったのである。艦隊は前年十月にバルト海のリバウ港を出発し、一万八千海里という遠路を航海し、日本近海に現れた。聯合艦隊は、バルチック艦隊の経路を、対馬海峡以外にも、宗谷海峡と津軽海峡を予想していたが、最短コースとなる対馬海峡で待ち伏せていたのである。

連絡を受けた聯合艦隊は第一公報を発する。「敵艦見ゆとの警報に接し（、）聯合艦隊は直に出動之を撃滅せんとす（、）本日天気晴朗なれども浪高し」。その日は、風の強い日だった。午後二時前、旗艦・三笠にZ旗「皇国ノ興廃此一戦ニアリ各員一層奮励努力セヨ」が掲げられた。水野の日本海海戦記『此一戦』のタイトルは、このZ旗信号に由来する。

だが予想に反し、日本海海戦は短時間で大勢が決した。艦隊の規模は両者拮抗していたが、戦艦の速度と砲弾の数とその精度は、聯合艦隊がまさっており、また万里の波濤をこえてきた疲れもあって、隊列が乱れてしまったのである。「浪高し」もロシア側にわざわいした。司令長官ロジェストヴェンスキーが乗る旗艦クニャージ・スヴォーロフは砲弾により損傷、司令長官も負傷して指揮がとれなくなった。

駆逐艦と水雷艇の出撃は夜間となった。ウラジオストクに急ぐ残艦に対して、魚雷と水雷による攻撃をしかけた。結果、戦艦シソイ・ヴェリキーなど四艦が沈没する。翌日、改めて三笠をふくめた戦艦が出動し、残敵艦を攻撃、代わって司令長官についていたネボガドフが乗った戦艦インペラートル・ニコライ一世は戦闘能力を失い投降、ここに日本海海戦が終結することとなる。艦隊三十八隻のうち、ウラジオストクに行き着いたのは三隻のみだった。

百版をかさねた戦史

日露戦後に水野は、軍令部に配属となり、海軍の日露戦記『明治三十七八年海戦史』の編纂にたずさわる。そこで、海戦の詳細に接することとなる。同書は全四巻からなる大部のもの、一般読者向けに書かれたのが『此一戦』だった。自序は言う。

> 世上唯其の大捷《たいしょう》あるを知つて、未だ其の真相を知るの人尠《すくな》し。想ふに是れ海戦の状況は、海軍部外者の窺知《きち》し難き所なると共に、海軍部内者に於ては、公務多端にして文筆の閑技にたづさはるの暇なきに因るものあらん。然りと雖も此の大海戦の真相、時とともに湮滅《いんめつ》に帰するは終生の恨事なり。

執筆意図は、日本海海戦の実際を、海軍軍人以外の人々に知らしめることにあった。後年水野は、その自伝において、毎日自宅で夜十二時までランプの下で筆をふるったと述べている（「剣を解くまで」『水野廣徳著作集』第八巻）。

水野の軍令部戦史編纂室での勤務は、一九〇六（明治三十九）年三月から四年六か月に及んだ。海軍省や軍令部は「赤煉瓦」と呼ばれていた。当時、省や軍令部といった省部勤務は百名にも満たず、水野のような尉官はわずか数名、省部勤務は羨望のまとだった。ひとつの部署にそのように長期間勤めることも珍しかった。赤煉瓦勤めにより水野は、帝都の世情と多くの書物に接し、艦船上では得難い知識を得ることとなる。

枝葉に及ぶが、水野が編纂委員に任命された経緯も興味深いものがある。日露戦後、司令部から自らの実戦記を書くよう求められ、嫌々ながら提出した。どういうわけか、その手記が新聞や雑誌に掲載され、「海軍の文章家」との名声、本人の言葉を使えば「虚名」を得ることとなった。当時は、軍人が筆をとって文を世に問うことは珍しかったのである。水野が戦史編纂室に配属されたのはそのような理由によるものだった。

海軍兵学校入学までの自伝「剣を吊るまで」(『水野廣徳著作集』第八巻)によると、水野は成績優秀ながらも、いたずらとけんかの常習犯で、十二歳の時に巡査に補導されている。それというのも、幼児のころに母と死別、学齢前に父を亡くして一家離散、母方の家に引き取られるという出自をもっていたからだ。中学校時代は、伯母が手におえず、家を追い出され、身体障がい者の兄との二人暮らしで、極貧生活を送らざるをえなかった。少年のころは侠客になろうと夢見ていた。恵まれた家庭の子弟とは異なる子ども時代を過ごしたのである。

海兵卒業後、任官しても、上司と諍いを起こし、名誉とは言えない「乞食商売」たる水雷艇に搭乗し、日露戦争に参戦することとなる。海軍兵学校の同期には、のちに外務大臣、さらに、日米開戦の折の駐米大使をつとめた野村吉三郎や、大将となる小林躋造《せいぞう》などがいたが、彼ら出世組とは異なる道を歩むこととなる。水野が『此一戦』を上梓した時は少佐だった。大佐で予備役となる。『肉弾』を書いた櫻井忠温は少将まで昇進したが、水野は将官となることはなかった。

水野の日露戦記には、旅順閉塞作戦を描いた『戦影』と、日本海海戦を記した『此一戦』がある。ただ、その筆致はかなり異なる。後者は、『明治三十七八年海戦史』が底本なので、水雷艇長として参加した五月二十七日夜の夜間攻撃は全体の一部に過ぎない。バルチック艦隊が対馬海峡に現われ、勝敗が決するまでの俯瞰的描写と、その後のロシア海軍からの攻撃、さらに、日本海軍の反撃が、個々の艦船の動きに沿って、近距離で描かれているのだ。自らの体験に基づいて閉塞作戦をつづった『戦影』とは、書きぶりが異なるのである。

松下芳男も水野の伝記『水野廣徳』で述べているが、後者は日本海海戦の公報的側面が強く、前者は、閉塞作戦の私戦記だという。本人も『戦影』をして「最も会心の作」と述べていたことはすでに書いた。なお、松下芳男は戦後、軍事史家として多くの書物をものにするが、戦前は水野に師事し、いまだ占領期にあったころ、上記の伝記を出版している。

『戦影』は等身大の日露海戦が描かれているために読みやすく、また真にせまる。他方『此一戦』は漢文調の名調子で、措辞も凝っているが臨場感に乏しい。田山花袋は、『此一戦』は記実的でなく説明的作品、と否定的な評価を下していたという。水野にとって『此一戦』は処女作であったために、多少、化粧をほどこした体裁に仕上げたのであろう。

『此一戦』の刊行は、日本海海戦六年後の一九一一（明治四十四）年三月十五日。発売元は博文館だ。同社は、日清戦争下に日本初の総合雑誌「太陽」を創刊した当時最大の出版社。版元の力もあり、『此一戦』は百版をこすベストセラーとなった。私がもっている博文館版『此一戦』は第八版で、一九一一（明治四十四）年五月三日の発行だ。発刊から二か月も経たずに八刷までいっている。新聞のアーカイブで『此一戦』の広告を確認すると、四月十三日付の東京朝日に「千載不磨《せんざいふま》の戦史」という宣伝文の五刷の広告が掲載され、翌日の読売にも同じ広告が載る。五月十八日の同じく東朝（東京朝日）に十三刷、十一月三日の読売には六十五刷、五月二十七日の東朝に八十刷、最終的に百十版をかさね、十数万部を売った。日本海海戦とはいかなるものだったのか、そのような関心が世上に起こり、同時に、日露戦争の勝利という快挙にいつまでも酔いしれたい、という心理が満ちていたからだろう。

当時の人々にとって日本海海戦とは、ちょうど一世紀前の一八〇五年におこったトラファルガー海戦における大英帝国の勝利に比するような一大事件だった。東郷平八郎はネルソン提督の再来だった。

戦いを忘るる時は必ず危うし

第一章で、日露戦争後の乃木神話を紹介したので、東郷平八郎にも触れておくこととする。数年前に広島県江田島にある海上自衛隊の術科学校（かつての海軍兵学校）を見学した折、おそらく退役自衛官であろう案内者が、教育参考館に東郷平八郎の遺髪がおさめられている、という話を厳かにした時、奇妙な感慨がわいてきたことを覚えている。教育参考館には、海軍関係者の遺品や書、さらに藤田嗣治をはじめ多くの画家の戦争画が展示されているが、「撮影したらただちにカメラを没収する」という居丈高の言とともに、東郷の遺髪を語る言葉に、海上自衛隊の、旧軍の継承とその自負を感じたのである。

ご存じの方も多いであろうが、現在の陸上自衛隊の自衛隊旗は、旧軍の聯隊旗の意匠といささか異なる旭日文様だが、海上自衛隊の自衛艦旗は、旧軍と全く同じだ。東郷は、乃木とはまた別の、日露戦争という神話をつくりだす装置として機能している、ということだ。

ではこの日本海海戦は、国外でどのように捉えられたのか。一九〇五（明治三十八）年六月四日の大阪朝日の社説は「世界の反響」だ。「日本海海戦の全捷に関し、其の反響は世界の隅々より鳴り渡れり」という一文から始まり、各国の反応が紹介される。「英米新聞の議論正大一点を動かすべからざるものあると同時に、独逸新聞の着筆亦光明なり。仏国は露国と同盟なるの故を以て、爾《しか》く自由の讚評《さんぴょう》を試む能はず」と述べる。

フランスはロシアと同盟関係にあった。そのように、ロシアとの距離による論調の違いを指摘する。だが、いずれも日本海海戦という「奇蹟」への賛辞がならぶ。社説は以下で終わる。「吾人は世界の賞賛を博すると同時に、益々我が国の責任の重大なるを思い、勝ちて兜の緒を締めんのみ」。

社説では、ロシア国民の反応にも触れている。「未だ十分の言葉を発するを知らず、正か斯迄《かく》はと思はざりし全滅に遭い、幾《ほと》んどその措《そ》を失するの有様なり」。ロシア国民は茫然自失した。しかし、ロシア国民にも言葉を発するものもいた。ウラジーミル・レーニンがその一人だ。

レーニンは、旅順落城に接して、「ロシアの自由」が近づき、「ヨーロッパのプロレタリアートの新しい革命的高揚」の予告となったと述べた。それは、ロマノフ王朝という「もっとも凶悪な敵の破局」を意味するからだ（「旅順の陥落」『レーニン全集』第八巻）。

日本海海戦後に書かれた文でも、「ツァーリ・ロシアの完全な軍事的崩壊はすでに明らかになっていた」とし、総額四億ルーブリという巨費を費やしたバルチック艦隊の東征は、軍事的賭博に過ぎず、それは、レーニンら革命勢力という「内敵」に勝利するためのものだったという(「壊滅」『レーニン全集』第八巻)。

つまり、日本海海戦での敗北が革命勢力の勝利を導くという見立てである。なお、第十章で一九五五年の旅順返還の話をするが、その際、中華人民共和国総理の周恩来は、レーニンの日露戦争観に触れている。この話は最後の章で述べることとする。

講和前、日本の世論は絶頂期にあった。「勝ちて兜の緒を締めん」と新聞は書いた。だが賠償金を得ることはできなかった。それが、日比谷の焼き討ち事件などの騒擾を引き起こし、同時に、日露戦争の神格化へと道を開く。

『此一戦』にもどる。同書は、「兵は凶器なり」という一文からはじまる。「天道之を悪《にく》むも、已むをえずして之を用ふるは、是れ天道なりと」。兵というものの「凶」の側面と同時に、それを行使することの重要性が指摘されるのだ。結語は以下だ。「国大と雖も戦を好む時は、必ず亡び、天下安しと雖も、戦を忘るる時は、必ず危し」。中国の兵学書「司馬法」からの引用である。

後段の「天下安し……」は、博文館版『此一戦』の最初の頁に掲載されている東郷平八郎の揮毫にある一文だ。東郷のそれは漢文で「天下雖安忘戦必危」と記されている。

冒頭の「兵は凶器なり」という文だけを読むと、二度の欧州視察後に軍備撤廃を主張する後年の水野の思想の一端が読み取れるような気もするが、あとに続く文を追うと、当時の水野の認識が、軍備による戦争の制御であったことがわかる。では、次の節から水野にしたがって欧州へと向かうことにしよう。

ロンドンでの空襲

水野廣徳は『此一戦』によって文名を高めることとなったが、多年の陸上勤務によって海軍将校としては役立たずになってしまった。日露戦後、海軍技術は著しい進歩を遂げており、十年ぶりに艦船に勤務した時は「大（い）に間誤付《まごつ》く」はめに陥った。水野は短期間の艦船や海軍工廠での勤務以外は、海軍省文庫主管という図書管理職や、第一次世界大戦勃発後は、日独戦史編纂を命ぜられることとなる。本人の強い希望により、出雲と肥前（旧「レトヴィザン」）に乗艦することとなるが、そこで大いにまごつき、艦船勤務を諦めざるをえなくなった。

心機一転、軍事研究を目的とした欧州視察を願い出る。『此一戦』で得た印税三千円が手元にあった。水野の乗った諏訪丸は一九一六（大正五）年七月に出港、インド洋を経て、ロンドンに着いたのは九月末のことだった。

ひとつことわっておかねばならないことがある。これから水野の自伝「剣を解くまで」を引用しつつ、欧州見聞を確認するが、それは生前に発表されたものではない。過去に書かれたものの一部が改稿され、水野のもとにのこされていたのである。煩雑になるが書誌情報を記しておくと、自伝「剣を吊るまで」と「剣を解くまで」の二篇は、『反骨の軍人・水野広徳』（水野広徳著作刊行会）に収録、その後、著作集におさめられた。同書の解説によると、二つの自伝の執筆時期は昭和十年代とのことだ。「剣を吊るまで」が海軍兵学校入学まで、「剣を解くまで」が二度の欧州視察の後に退役するまでが描かれている。
では、到着第一声に耳を傾けてみよう。

ロンドン！ ロンドン！ 世界第一の都ロンドン！ どんなに大きく、どんなに美しく、どんなに賑やかであろう。それは少年時代からのあこがれであった。僕を乗せた汽車は今そのロンドンに向かって走って居る。汽車の窓から見るロンドン東部貧民窟の長屋裏の不潔さ、僕の憧れの半ばは忽ち打ち壊されてしまった。汽車はリバプールという停車場に着いた。家屋の燻って穢いこと、道路の狭くて暗いこと、これが多年あこがれの世界一のロンドンか。

（「剣を解くまで」）

ロンドンに着いた興奮と、意外にも陋巷《ろうこう》を眼にした驚きが伝わってくる。水野は翌年二月までロンドンの下宿で暮らす。イギリスが第一次世界大戦に参戦してから三年が過ぎていた。戦いは、独仏の西部戦線と、独露の東部戦線に集中していたが、フランスをあと押しする英国の首都ロンドンにも、ドイツの飛行船ツェッペリン号や爆撃機が飛来していた。空中戦は第一次世界大戦からはじまっていた。民間人が住む都市への攻撃はハーグ平和条約違反だが、大戦では公然と国際条約が破られていくのだ。

ここで簡単に第一次世界大戦の経緯について記しておくこととする。一九一四年六月、ボスニア・ヘルツェゴビナの州都サライィェヴォで、オーストリア＝ハンガリー帝国の皇位継承者が暗殺された。

犯人はセルビア人だった。ドイツを後ろ盾とするオーストリアは、セルビアに過大な要求を突きつけ、他方、セルビアを支持するロシアは総動員令を発し、ドイツが宣戦布告、一九一四年八月に大戦がはじまることとなる。

第一次世界大戦の発火はバルカン半島での暗殺事件だったが、欧州においては、それ以前から引火をさそうガスが充満していた。独仏を例にとると、一八七〇年に起こった普仏戦争以来、双方が相手に対し負の感情をつのらせていた。特に、アルザス゠ロレーヌを奪われたフランスの復讐心は尋常ではなかった。

ドイツは、カイザー・ヴィルヘルム二世治下にあって、急速な産業発展を遂げていた。世紀をまたぐこの時代は経済成長著しい時期だが、その恩恵を最も受けた国はドイツだった。人口も大幅に増加し、大戦前の段階で国民の半数が三十歳以下という若い国家だった。

ドイツにとっての接壌国家はロシアとフランスだ。その軽重をはかれば難敵はロシアとなる。西部（仏）と東部（露）の二正面での戦いを回避したいドイツは、開戦時、まずフランスをたたく必要があった。西部戦線の右翼に兵を集中し、中立国ベルギーへの侵攻も辞さないという計画を立てた。参謀総長シュリーフェンの発案から生まれたシュリーフェン・プランである。

開戦後ドイツは、その計画にそって軍を進める。疾風迅雷とパリへと進軍、マルヌ河岸のモーへと至る。パリまでわずか三十キロの距離だ。共和国ではボルドー遷都までも持ち出される。しかし、一九一四年九月のマルヌの戦いでジョフル将軍ひきいる仏軍は独軍を押し返し、西部戦線は塹壕による持久戦となる。開戦後、独仏の兵士とも、数か月で帰還できると考えていたが、そうはならなかったのである。フランスの抵抗はドイツが当初考えていたほど脆くはなかった。

ドイツはフランスの後方にあるイギリスをも攻撃していた。一九一五年五月には、潜水艦・Uボートによりニューヨーク発リヴァプール行きのイギリス客船を撃沈する。むろんこれも国際法違反だ。開戦後、ドイツによるイギリスへの攻撃は、飛行船五十回、飛行機二十五回を数えた。飛行機も潜水艦も、第一次世界大戦で導入された新型兵器だ。ほかに、陸戦における戦車、さらに有毒ガスも、第一次世界大戦から使用された。

水野はロンドンで空襲を体験している。天気晴朗の日の正午前、水野は手洗いで用を足していた。

俄に落雷の如き猛響を聞くと同時に、家屋ビリリと震動し、天井の砂塵バラバラと頭上に落ち来る。真に青天の霹靂なり。ハッと驚き「何事?」と思う閑なく、引き続き二回三回、同様の劇音を聞く。之と同時に大厦の崩れる如き物凄き音、ドドドッ! 硝子の砕ける騒がしき響き、ガチャガチャガチャガチャ! 寝耳に水の敵機の襲撃!

(「バタの臭」『水野廣徳著作集』第二巻)

人々は地下室に飛び込み、水野も後尾についた。戸外は砂塵濛々、逃げ惑う人が霞んで見える。数分間の空襲が終わり、戸外に出ると、レンガの破片が道路を埋めつくしていた。道路には、通行人が二、三人衣服を血に染めて倒れている。その場所は、つい五分前に水野が通った場所だった。空襲での死者は約百五十名、負傷者も四百五十人を数えた。

ついで想念は日本へと向く。ロンドンでは警報がなると人々は地下室に逃げ込むことができるが、これが東京を襲ったら……

若し日本の如き繊弱《せんじゃく》なる木造家屋ならんには、一発の爆弾に三軒五軒粉となりて飛散せん。加ふるに我が国には難を避くべき地下室なく、地下線（鉄―引用者）なく、従うて人命の損害莫大ならんのみならず、火災頻発、数回の襲撃に依つて、東京全市灰燼に帰すやも図られず。

（「バタの臭」）

第一次世界大戦は、国民国家の発展と兵器の進歩により、これまでの戦争とは全く異なる様相を呈した。まさに、ドイツ軍参謀次長ルーデンドルフの言の通り「総力戦」となったのだ。水野はその二度の欧州旅行で国民をまきこむ総力戦を体感する。のちに改造社から再販された『此一戦』で、日露戦争のことを「子供の軍ごっこに毛の生えた位」と書いている。そこから、「日本の如き経済要素に貧弱なる国は、到底今日の戦争に堪へ得るところにあらざる」という結論が導かれるのである。

雲泥、霄壌、月鼈の差

ロンドンを離れたのは一九一七（大正六）年二月のことだった。アメリカ船セントポール号で大西洋を渡る。それは「ドイツ潜水艦跳梁の魔の大西洋」だ。それでも、アメリカ船籍であればドイツは襲撃を控える、という風聞による選択だった。米国の参戦は同年四月のことだ。

セントポール号は客船ながらも、Uボートの攻撃に備えて火砲を装備していた。客船の武装は海戦法規違反だ。途中、沈没船の生存者を乗せたトロール船と行きちがう。潜水艦による商船、客船への襲撃は日常茶飯のことだった。水野は就寝時にも浮胴着をつけ、枕元には雨合羽と外套、水筒には興奮剤を入れ、救命具を枕に床についた。就寝は同室者と交替である。

ニューヨークに到着したのは、六月末のこと。マンハッタンには、横浜港にはひとつしかない桟橋が、ムカデのように無数に伸びていた。その先に、大空へとそびえる摩天楼が林立していた。遅れて参戦した米国は、艦船も飛行機も軍隊も金に糸目を付けず建造していた。議会は戦争遂行のための絶大な権力をウィルソン大統領に与えていた。

水野は米国が中立国であった時代を欧州で見ていた。その時は、英仏の連合国と独墺の同盟国が互角のように見えた。両者とも、米国の一挙手一投足に注意を払い、「米国大明神」、「ウィルソン大権現」と崇め奉っているように映った。が、いまやその米国は連合国の側にあって、軍備の増強に余念がない。

水野はワシントンの日本大使館でアタッシェを務めていた野村吉三郎の案内で、米国議会を見学する。そこで見たものは、議員が英国議会に比べて禿げ頭が少なく、議会で働く人々が気楽にふるまっている、そのような景色だった。

ワシントンからシカゴへ。シカゴではユニオン・ストック・ヤードの屠殺場を見学する。そこでは、一日、豚三十万頭、牛七万五千頭、羊三万頭、馬七千頭を処分することができる。シカゴから横断鉄道ゴールデン・ステートでロサンジェルスへ。二昼夜にわたって大平原が続く。人家は駅の周りにし

かない。すべてのものが日本よりスケールが大きい。振り返ってわが日本は、

禿山のてっぺんまでも薯《いも》を作り、峡谷のドン詰まりまでも麦を植え、人家連綴《れんてい》、行人行き交うせせこましい日本の農村に比すれば、土地の広狭実に雲泥霄壌月鼈の差も啻《ただ》ならずである。

（「剣と解くまで」）

霄壌《しょうじょう》は「天地」の意、月鼈《げっべつ》は「月とスッポン」だ。水野は三つの形容を持ち出して、日米の国土の違いを述べる。シカゴからロサンジェルスまでの距離は樺太の国境線から鹿児島までに相当する。米国の上に日本を重ねると、日本はあたかも、「シカゴからロサンジェルスに至る狭い襷《たすき》に過ぎない」。ロサンジェルスで眼にしたものは、農業と漁業に専念する日本人移民だ。サンフランシスコで見たものは、チャイナタウンの賑わいと日本人街の寂しさ、商売において日本人は中国人に勝てないのではないか。

では、一年ぶりの日本は水野の眼にどう見えたのか。

船首に展開する横浜の港を見た時、日本一の港としての設備の貧弱、開港市街としての家屋の陋穢《ろうわい》、一等国民としての風俗の卑蛮《ひばん》、之が祖国の玄関かと思うと情けなくもあり、恥しくもあり、腹だたしくさえもあった。

（「剣と解くまで」）

続けて、それよりも「なお一層馬鹿馬鹿しい」体験を記す。通関の荷物の検査で、以下の書類を書かねばならなかったのだ。「通関御許可相成度此段奉願候也」、訓読すると、「通関ご許可あいなりたく、この段、願いたてまつりそうろうなり」。荷物の通関程度で、なぜ官吏に願い奉らねばならないのか。水野はアメリカ瞥見で、事務処理の「雲泥霄壌月鼈の差」も感じとっていた。

水野がセントポール号でニューヨークに到着した時、米国における排日機運を心配して、税関吏に若干のドル札を渡そうとした。一九一三年にカリフォルニア州議会では、日本人の土地所有を制限する法律が成立していた。官吏はドル札を穏やかに拒絶し、むしろ、親切に荷物輸送を手伝ってくれた。水野は赤面する。若さと元気と自由がみなぎり、圧倒的な国土を有するアメリカ。そこから、後年の対米非戦論がつくられていく。

鉄条網と塹壕と赤いポピー

水野が二回目の欧州視察に出かけたのは一九一九（大正八）年三月のことだ。第一回の欧州行からもどり、軍事調査会勤務という閑職をあてがわれ、もっぱら文筆にいそしむ日々だった。ほどなく大戦も終結し、今度は敗戦後のドイツを見聞すべく、再度、私費留学を願い出る。艦船勤務はもはや望むべくもない。前回は二年のところを一年で帰国した。「その分を再度」という虫のいい話だ。さすがに許可が下りない。執拗に食い下がり、どうにか許可が出た。大戦終結後の欧州便は予約でいっぱいだった。乗船がかなったのは、申請の翌年の春のことだった。

スエズ運河をぬけて地中海に出る。ポートサイドの港外には、機雷や潜水艦の残骸が浮かんでいた。

ただちにパリへ。終戦後のパリは、二年前に比べて、喪章をつけた女性の数は変わらねど、朗らかな空気に満ちていた。コンコルド広場に建つアルザス＝ロレーヌ像の喪章ははずされ、花輪にかわっていた。普仏戦争で奪われた二つの地をフランスは取り返したのである。飲食店は女連れのアメリカ兵で賑わい、そこではワインではなく、カクテルが供せられていた。

ベルサイユ講和会議はいまだ継続中、西園寺公望をトップとする代表団の一人に以前米国の大使館に勤務していた野村吉三郎がいた。野村と一緒に戦蹟ツアーに参加する。

車はパリの北東部へ、一時間ほどで、マルヌ河岸のモーへ到る。先に記した通り、そこはドイツ進軍の再西端の地だ。モーから東へ行くと、鉄条網に塹壕、破壊された家屋に折れ曲がった樹木、弾孔が露出し、戦争の傷跡が生々しい。

車はパリ七十五キロのシャトー・ティエリーに到着。休戦直前にドイツが最後の猛攻を仕掛けた街である。街は全壊していた。「満野唯破柱残壁の悄立《しょうりつ》と、壊礎崩石の累積とを見るばかり」。その先のランスは、さらにひどかった。

ランスはシャンパンと大聖堂で有名な街だ。激戦地ヴェルダンの後衛として、パリ防戦の第二線をなした。大聖堂はドイツ軍の攻撃目標となり、弾痕ハチの巣のごとく、塔は崩れていた。

一九一四年九月、ランスの大聖堂砲撃は連合国のみならず中立国の世論をも激昂させた。フランス軍は大聖堂に白旗を掲げたが、ドイツは仏軍が大聖堂の塔の上に監視所を設置していると主張した。フランス軍の砲撃の精度が高かったからだ。独軍は神聖な場所を破壊し、欧州の伝統を踏みにじっている。その報道が、米国の世論を連合国に傾かせる。

二十世紀に於ける科学文明の精粋を集めて満四年の間、破壊と殺戮とをほしいままにしたる戦の跡は、見るも悲惨、聞くも悲哀、誠に言語の外である。村落は壊滅し、田園は荒廃し、住民は離散し、家畜は死滅し、満目これ荒涼、満地これ蕭条、惨として生物を見ない。唯目に入るものは枝も幹も打ち折られた坊主林、瓦石の間に僅かに残る人家の柱、痘痕《とうこん》の様に掘り穿たれた草原の弾孔である。雑草茂る彼方の畠の中には破損した飛行機が真っ逆《さかさ》に突ったって居る。橋の落ちたこちらの小溝の中には赤錆びたタンクや戦車が横ざまに倒れて居る。向うの道路の傍には幾千幾万と数える砲弾が列をなして遺棄されてある。掘り返された手前の塹壕の中には戦死したドイツ兵が武装のまま白骨と化して横たわって居る。何一つとして激戦の跡を示さぬものはない。

（「剣を解くまで」）

そこに、ポピー（けしの花）が人間の血を吸ったかのように赤く咲いていた。次に向かったのがヴェルダンだった。ここで、水野の眼に映ずるヴェルダンを見る前に、ヴェルダンの戦いとはいかなるものだったのかを確認しておこう。

膠着状態にあった西部戦線において、ドイツ参謀総長ファルケンハインは、仏軍を消耗させるために、ヴェルダン要塞を攻撃する計画を立てる。ヴェルダンは、西部戦線でドイツ側に突き出した地であり、守りの要だった。ヴェルダンへの攻撃は百万発の砲弾からはじまった。一九一六年二月二十一日のこと。二十五日にはヴェルダンのドゥオモン要塞が落ちる。仏軍にあってヴェルダン防衛にあたったのはフィリップ・ペタンだった。ヴェルダン死守がフランス軍の絶対的使命となり、仏軍のほぼ八割の聯隊がヴェルダンに投入された。

同月下旬にドイツ軍は戦線突破まであと一歩までせまるが、フランスの猛反撃によって、同年十月から十一月にかけて、共和国軍は各要塞を奪還する。ヴェルダンでの死傷者は七十万をこえた。その戦いに投入された部隊に、シャルル・ドゴールが所属する歩兵聯隊がいた。その歩兵第三十三聯隊は、陥落した要塞の西に配置され、いまだフランスの手中にあるドゥオモン村を護った。が、独軍との戦闘でほぼ全滅、三百三十六名が死亡ないし行方不明となった。ドゴールは銃剣で突き刺され、手榴弾の炸裂で意識を失い、捕虜となった。大戦終結まで収容所で過ごす(ジュリアン・ジャクソン『シャルル・ドゴール伝』上)。

なお、第二次世界大戦におけるパリ陥落後、ビシー政権の主席となったのはヴェルダンの戦いを指揮したペタン元帥であり、ロンドンにあってレジスタンスを指導したのは、かれの幕下にあったドゴールだった。戦後、ペタンは死刑を免れ、一九五一年に獄死する。ヴェルダンの戦いは西部戦線の天王山だった。その記憶が、その後の共和国の歴史にも少なからぬ影響を及ぼすこととなる。

次に水野の眼に映じたヴェルダンに移ろう。その描写は他と比べて饒舌ではない。高地からの眺めを以下のようにつづる。

青毛氈を敷き詰めた様な緑の緩斜面は長く裾を引いて遠く前方に丘に連なり、その間には鉄条網と塹壕とが縞目の如く緑野を彩れる外、守者の目を妨げる一本の樹木も、攻者の身を隠す一塊の地物もない。

（「剣を解くまで」）

攻めるドイツも、守るフランスもまる裸だ。そして、ヴェルダンを旅順に比べる。「旅順の要塞に比すれば難攻の度決して同日の談ではない」。

ドイツ軍はこの難攻の地を一挙に攻陥《こうかん》せんものと、損害を意とせず、犠牲を惜しまず、強襲に継ぐに強襲を以てし、岸打つ波の砕けても屈せず撓《ゆ》まず、人波打って潮の如く攻め寄せたのである。ドイツ兵気は如何に勇なるも鉄ならぬ身は、フランス軍の掃射を受けて全滅又全滅、全山屍に掩われて寸土を残さなかった。

（「剣を解くまで」）

水野は自問する。「全山屍で掩われるまで肉弾襲撃を繰り返したるドイツ軍」、「雨の様に降り注ぐ敵弾の下に陣地を死守して生埋めとなったフランス軍」、何がその二者をしてかくあらしめたのか。

彼等は決して死にたくて死んだのではあるまい。唯国家の為（命令の為）という一念の下に、子を捨て、妻を捨て、親を捨て、はては己の命までも捨てたのである。国家の為とは、国民の為以外の何物でもない。現代政治意識に依れば、国家は多数国民の幸福の為には、少数国民の利益を犠牲とするの権力を持って居る。彼等が死の戦場に駆り出されるのも、多数国民の幸福を擁護せんが為であった。彼等は国家の要求によって否応なしに命を取り上げられたのである。

（「剣を解くまで」）

水野はそれまで国家とは「至善至美至真の最高の道徳」と信じていた。しかし、懐疑がわき起こる。以下の句を書きとどめる。「血に咲くやベルダン城の罌粟《けし》の花」。

ベルリンの癈兵

フランスをはなれた水野が次に向かった先はスイスだった。そこでの二か月の滞在でようやくドイツへの入国許可を得た。バーゼルからライン河を渡ってドイツ領に入ったのは一九一九（大正八）年八月末のことだった。鉄路にはボロ列車しか走っていない。まともな車両は連合国によって没収されていた。すし詰めの車両でベルリンへ。かつては紙くずひとつ落ちていないという世評のベルリン駅の不潔さに鼻をつまむ。

ベルリンの日本人はわずか二十名ほどだった。そこには、外務書記官として駐在していた東郷茂徳がいた。水野は敗戦後の事情を聞く。燃料が逼迫、夜も電気がつかない。ベルサイユ条約で、石炭産地の三分の二を取り上げられ、毎年多額の賠償金を支払わされていた。ドイツの生殺与奪権は連合国が握っていた。

マルクは急落、スイスで半年分の生活費をマルクに変えたが、滞在中、その価値を下げ、半年後、ドイツを去る時は、十分の一になっていた。その分インフレは加速、中流家庭でも、一日の食費で一人卵一個しか食べられない。経済は惨憺たるありさまだった。カイザーはもはやいない。ドイツはすでに帝政から共和国へ変わっていた。ドイツに余っているものは、若い未亡人と癈兵ばかりだった。女性の仕事場はフリードリッヒ通りの歓楽街、その客は、マルク下落の恩恵を受ける外国人や戦争成金だった。癈兵について以下のように書く。

アスファルトの熔ける夏の炎天にも、吹雪飛び散る冬の寒空にも、手なき者、足なき者、目を失える者など、カーキー服の不具の廃兵が繁華な通りの町辻や軒下に、無言のまま悲し気に又恨めし気に行人の恵を待って居る。彼等の中には頬っぺたも切れて切れて飛ぶ様な木枯風の吹き抜く寒い通りの、氷の様に冷たい石畳の上に座って袖やズボンを捲《まく》り上げ、唯さえ痛む傷口をわざと寒風に曝して人の同情を求めて居るのもある。摺小木《すりこぎ》の様に、杭の様に、肩先や膝頭から無残にも切り落された手足の切口は紫色に腫れて血膿さえにじまんばかりである。当人よりも見る人の方が顔を外向《そむ》けざるを得ない。しかも自己の生活にさえ窮せる今のドイツ人には、これ等の哀れな人に対して一フェニヒ（銭価）を投げ与える余裕さえも無い為か、彼等の前に置かれた軍帽の中はいつも淋しかった。

（「剣を解くまで」）

胸が苦しくなるような情景だ。その直後に以下の文が続く。

乞食はいずれの国もある。東京では銀座の軒下にさえも座って居るのを見ることがある。唯併しベルリンの彼等が戦争の犠牲者であると言う点に於て特に考えさせられる。あれ程の苦痛を忍び、あれ程の醜辱に耐えてまでも、なお生きて居らねばならぬかと思えば人間の生に対する執着の心と力との強さに驚かざるを得ない。それ程に生に執着心と執着力のある人間の命を、塵か芥の如く掃き捨てる戦争こそは人間最悪の敵と呪わなければならない。（「剣を解くまで」）

「戦争は人間最悪の敵」、それが、水野が『此一戦』の印税三千円を元手に出かけた二度の欧州視察で得た結論だった。

第六章　軍縮の時代の「日露戦争」

「聯合艦隊旗艦三笠」と「三笠艦長海軍大佐　伊地知彦次郎」
水野廣徳『此一戦』博文館、明治 44 年

ヴェルダンの戦蹟に接し、ベルリンで敗戦国の惨状を眼にした水野に「思想の大転換」が起こった。それまでは軍備は不可欠なものであり、それによってこそ平和は保たれる、と考えていた。だが、軍備は撤廃せねばならない、せめて「縮限」せねばならないと考えるに至ったのである。

水野によれば、縮限という語には、「縮少」と制限という含みがあるという（「華盛頓会議と軍備縮限」『水野廣徳著作集』第四巻）。制限の背後には、一方的な縮小ではなく、国力にみあった軍備を相互に決めるという比率主義の考えがある。軍備縮小の議論については後述する。

その思想の大転換を最初に披露したのは一九一九（大正八）年八月、場所はベルリンのホテル・カイザー・ケラーだった。そこで天長節（大正天皇の誕生日）の式典が催されたのだ。列席した二十五名ほどの邦人の前で以下のような話をした。

今回の大戦では敗戦国のみならず連合国も甚大な被害をこうむり、世界には怨恨のみがのこった。今後はこのような憎むべき戦争を避けることが我々に課せられた使命だ。その実効性のある方法は軍備の撤廃である。ベルサイユ講和条約締結後、日本は第二のドイツになる、と猜疑の眼で見られている。そのような状況にあっては、日本こそが世界へ向けて、軍備の撤廃を訴えねばならない。

スピーチは武装平和論を唱える一部の陸軍軍人をのぞいて大多数の共鳴を得たという。武装平和論とは、軍備によってのみ平和は維持される、という考えだ。第二回の欧州旅行以前、水野はそのような考えをもっていた。

帰国した水野は海軍大臣に挨拶に行く。時の海相は加藤友三郎である。加藤は水野に洋行の収穫をたずねた。水野の回答は以下である。

欧州戦争の大規模と敗戦ドイツの大惨状とに照らして今後の戦争に就いて考えると、日本の如き貧乏国にして、しかも世界の孤立国は、如何にして戦争に勝つべきかと言うことよりも、如何にして戦争を避くべきかを考えることが、より多く緊要であることを痛切に感じました。

（「剣を解くまで」）

加藤の返事は「フン、そうか」という簡単なものだった。水野は、その「フン」が、「冷笑」か「同感」かはわからなかった、と述べている。このくだりは意味深長だ。加藤はその二年後に始まるワシントン会議の全権として、軍縮条約をまとめるという大任をはたした。その後、総理となり、ほどなく他界している。

加藤は「ろうそく」というあだ名をもつほど痩せており、寡黙で不愛想だったことで知られている。水野も「フン」を無表情に言い放ったと書いている。おそらく水野は、自らのこの短い報告が、加藤に何らかの影響を与えた、と言いたいのではないか。そのことは、あとで確認する。

この章では、一九二一年から翌年にかけて開かれたワシントン会議とは何だったのか。そこで、日露戦争の遺産はどのように処理されたのか、そして、第三章の続きとなる、癈兵の追悼旅行に触れ、「軍縮の時代の旅順」について考えてみることとする。

大々的削減

日本が米国から、軍縮とそれに付随する太平洋及び極東問題に関する会議への参加を要請されたのは、一九二一（大正十）年七月のことだった。日本以外、英国、フランス、イタリアに声をかけ、極東問題については、中国も会議に招請する、というのがアメリカの意向だった。

その年の春から、米国が軍縮をめぐる国際会議を開催する、という報道がなされ、日本国内では、「国難来る」、「日本の裁判日来る」とかまびすしかった。日清戦争、日露戦争とこれまで積み上げてきた資産が取り上げられてしまうのではないか、そのような疑心がおこったのである。「八八艦隊」と呼ばれる海軍増強策も進行していたが、その計画も反故にされるかもしれない。八八艦隊とは、大戦後に決定した海軍拡大案で、戦艦八隻、巡洋戦艦八隻を主力艦として整備する、というものだ。

水野の訪米のくだりでも触れたが、アメリカは第一次世界大戦中に軍拡を推し進めていた。それは、大戦後も変わらず、八八艦隊も米国の軍備拡張計画に対応して、出されたものだった。

大戦のさなか、欧州各国は眼前で進行する戦闘に即応した軍備増強にいそしんでいた。しかし戦争が終結し、戦時特需もなくなると、急拡大した軍備を削減し、資源を平時の経済建設に振り向けねばならなくなったのだ。それが軍備をもつ国の共通の認識だった。そのために各国間の調整が必要となっていた。

軍縮に付随するのが、太平洋及び極東に関わる問題だ。まず、当時の太平洋におけるアメリカ、イギリス、日本の勢力範囲を見ておくこととしよう。米国の領土は、北からアリューシャン列島、太平洋の中央のハワイ、その西のグアムをふくむマリアナ諸島、さらに西のフィリピンであり、太平洋の南のサモアも入る。海底電線は、米国西海岸のサンフランシスコからハワイをぬけてグアム、フィリピン、さらに上海にまで伸びていた。つまり、太平洋を横断していたのである。サンフランシスコ、ハワイ、グアム、フィリピンには大規模な軍港があった。

英国の拠点は、香港と旧ドイツ領の赤道以南の島嶼だった。日本は、と言えば、北から千島列島、南の小笠原諸島、さらに奄美諸島から沖縄を経て台湾まで、さらに、かつてドイツ領であった太平洋上の赤道以北のカロリン諸島である。海底電線は、日本から大連、青島、上海などの中国大陸の都市部と、さらに台湾、カロリン諸島ともつながっていた。太平洋上の各国の支配地域、さらに軍事拠点は入り組んでいたのである。西太平洋へむけてさらに勢力を拡大したい米国にとって、日英同盟は障害だった。

次に極東問題である。極東とは中国のことである。後発の帝国主義たる米国は、中国では大きな権益をもっていなかった。よって、中国に利権をもつ列国に対し、門戸開放、機会均等を主張した。中国(北京政府)も、その政策を支持した。

日本の中国権益は、言うまでもなく、旅順、大連をふくむ関東州と満鉄、そして、第一次世界大戦でドイツから獲得した膠州湾と、それに付帯する鉄道や炭鉱だった。後者が山東問題である。

日本は第一次世界大戦でさしたる犠牲をはらわずに膠州湾を占領し、さらに、二十一箇条の要求でその権益を中国に認めさせた。つまり、漁夫の利を占めたのである。

欧州や米国から見れば、大戦中の中国への要求は火事場泥棒のように見える。日本は大戦を通じて輸出が伸び、貿易収支は出超に転じていた。日本一か国が戦争という災禍を通じて焼け太りしたように映った。先の水野の言葉にあった「ドイツの次は日本」、「世界の孤立国」という認識は、このような背景によるものである。

ワシントンから国際会議の招請が来た際、日本国内は騒然となった。当時の総理・原敬は会議への参加を約し、全権の任命に入った。原は海相の加藤友三郎に白羽の矢をたてた。加藤はかつて日露戦争で旗艦・三笠に乗り、参謀長をつとめていた。聯合艦隊で東郷平八郎につぐ職務にあった。日本海海戦においてバルチック艦隊が対馬に来ると建言したのは加藤だった。ことは軍縮である。海軍を抑えねばならない。「国難」に対処できる名声も必要だ。全権は加藤、さらに、米国大使・幣原喜重郎、そして、枢密院議長・徳川家達という布陣となった。

ワシントン会議の開催日は一九二一（大正十）年十一月十一日と決まった。その日は、三年前に連合国がドイツとの休戦を約した日だった（だが、結果的に同日は米国における無名戦死者の追悼日で公休となり翌日開催となった）。

水野は、会議が始まる前、一九二一年十月号の「中央公論」に「華盛頓会議と軍備縮限」を寄稿している。そこでは、「国難」を「国福」にかえるための軍縮論が説かれている。それは、あたかも加藤への進言のように読める。

会議はワシントンのコンチネンタル・メモリアル・ホールで開催された。出席者は随員をくわえて二千名に及んだ。開催にあたってハーディング大統領は、戦争という人類を破壊する力を、建設へと振り向けねばならない、と述べた。むろんそこには、大戦後の国際秩序は米国が主導する、という強い意思が隠されている。

続いて米国全権・ヒューズ国務長官は海軍軍縮についての試案を提示した。建造中の主力艦の工事を中止し、老齢艦を廃棄し、主力艦のトン数をもって、各国に制限をくわえる、というものだった。そのような現存軍備を基準に配分比率を決めるという考えは、水野も先の論文で主張したものだった。

そのような比率主義の反対は、均等主義であり、それは国力に関係なく、同比率で制限をかけるというものだ。日本には、均等主義に固執する人もいた。世界に広大な植民地を有し、そのための海軍力が必要と主張する英国、さらに、大戦後の新たな大国を自負する米国の二か国が、日本が同等の海軍力をもつことを認めるとは考えられないが、そのような主張を説くものは相当数いたのである。

ヒューズの演説は「爆弾発言」ととらえられた。だが、英国のバルフォア枢密院議長を中心としたイギリス全権はそれを諒としたのである。日本はすでに、戦艦・長門、陸奥を主軸とした八八艦隊に向けて動き出している。それも廃棄しろ、というのか。そのような大胆な削減案に対して、日本がどのように出るか、参加国は固唾をのんで見守った。

英国以外、欧州各国は海軍に拘泥する気持ちは弱い。フランスが一番恐れたのは陸軍の削減だった。対独防衛に備える必要があるからだ。普仏戦争ではプロイセンが勝利し、大戦ではフランスが勝った。対独国境をおろそかにするわけにはいかない。

他国の予想に反し、加藤友三郎はヒューズ提案への賛意を表明する。軍備の支出から国民が解放され、世界平和へ貢献できる、とし「日本は自国の海軍軍備に大々的削減を施さんとする決意ある」と述べたのである（東方通信社調査部『華府会議大観』）。拍手がなりやまなかった、という。よほど、日本は御しがたい相手、と思われていたのだろう。また、加藤は「ろうそく」や「ミイラ」とも呼ばれ、風采もよくないので、そのような人物の口から、日本語で何が語られるのか戦々恐々としていた時、予想外の言葉が放たれ、会場に安堵がひろがったのかもしれない。

ヒューズ案を受け入れ、海軍を大幅に削減するということの意思決定は加藤自らによるものだった。米国が挙国一致で出してきた提案に、日本が賛否を留保するといった曖昧な態度をとれるわけがない。まずは、原則において賛同することが、日本の国益にかなう、ということだ（加藤元帥伝記編纂委員会『元帥加藤友三郎傳』）。加藤をおした原敬は、会議がはじまる直前の十一月四日に東京駅で刺殺されている。加藤は腹をくくっていたのだろう。

加藤は演説後、米国から好感をもって迎えられる。しかし、加藤演説では二、三の修正があるとした。そのひとつが海軍力を対英米比率で七割にする、というものである。個別折衝にあたった加藤寛治は、七割を頑強に主張したが、英米は六割案をゆずらず、最終的に日本は、いくつかの条件をつけて、六割をのんだ。当然、在野の人々は、七割を死守できなかったことに批判を強めた。二十一箇条の要求を主導し、その後、官界から政界に転じ、憲政会をひきいた加藤高明もその一人だった。

加藤友三郎が演説で、英米と同様の要求をしない、つまり均等主義をもとめなかったことに、「元来対等の位置にある帝国が、何の為めに斯く謙抑《けんよく》するの必要があったか。斯かる態度は初めより自ら英・米の下風に立つを甘んじたもの」と述べた（加藤高明伯伝記編纂会『加藤高明』下巻）。政党政治では「英・米の下風に立つ」ことが、他を批判する言辞として使われるようになっていた。

会議終了五か月後の一九二二年（大正十三）年七月九日、天気は晴れ、三浦半島沖は穏やかだった。午後一時から、海軍と陸軍の航空隊は城ヶ島西方で爆撃演習を始めた。標的は戦艦・石見、石見は軍縮条約よって、廃棄されることが決まっていた。

もともと石見は、バルチック艦隊の一員として、万里を超え極東にやってきた戦艦オリョールである。旗艦クニャージ・スヴォーロフにしたがい第一戦艦隊に属していた。排水量は一万千五百十六トン、十二インチ砲四門、六インチ砲十二門を備え、ロシアの最新鋭の主力艦だった。日本海海戦でオリョールは砲撃を受けるも、翌日まで持ちこたえ、ネボガドフが乗艦したインペラートル・ニコライ一世とともに投降した。日本海軍はそれを修理し、石見と名を変え、一等海防艦としたのである。

石見は前日の七月八日にすでに爆弾実験を受け、自身では動けず、朝日によって城ヶ島の西方十海里に曳航され、そこで再度、航空隊の爆弾をあびることとなる。朝日もまた、もとは戦艦だったが、軍縮条約で武装解除がなされ、特務艦となっていた。石見は飛行隊の連射を受けて、午後四時半に右舷傾き、五時三十三分に海面から消えた（中島武『大正の海軍物語』）。

ワシントン軍縮条約では十一隻の船が廃棄されている。戦艦では安芸、薩摩、鹿島、香取の四艦で、巡洋戦艦では生駒、伊吹、鞍馬だ。さらに敷設艦・津軽、そして、一等海防艦では肥前に石見がその使命を終えた。肥前ももとロシア艦のレトヴィザンで、旅順海戦で沈没した船だった。そのことは以前触れた。

旗艦・三笠は、会議参加国の了承を得て、記念艦として保存されることとなった。九月二日には戦艦・薩摩が、九月六日には戦艦・安芸が世を去ることとなる。安芸を射撃したのは戦艦・長門と陸奥だった。

当時、摂政であった皇太子（昭和天皇）は御召艦に乗ってその光景を見ている。本来二時から始まる予定だったが、降雨による朦気のために遅れ、五時十分より開始、同二十五分に左舷が傾き、五時四十五分に安芸は水中に没した（宮内庁『昭和天皇実録』第四巻）。

陸奥については説明が必要であろう。陸奥は八八艦隊の二番艦だった。長門が一番艦だ。陸奥は長門と同型である。陸奥はワシントンで廃棄艦に指名された。それを復活させることも軍縮交渉の条件闘争となった。陸奥の身代わりとなったのが戦艦・摂津だ。東郷平八郎は、一連の廃艦作業を「見るに忍びず」と立ち会わなかった（中島武前掲書）。

上記の十一隻以外でも、軍縮は実行されている。戦艦・土佐、紀伊、尾張、巡洋戦艦・天城、高尾、愛宕の六隻の建造が中止された。朝日、敷島、摂津の三隻は武装解除となった。摂津はすでに述べた通り、陸奥の代替である。建造中の赤城、加賀の二隻は航空母艦に改造された。航空母艦は軍縮の対象外だ。

起工中であった天城、高尾、愛宕、赤城の四艦についやされた費用は、一億六千五百万円にのぼった（一九二二年五月二日東京朝日夕刊）。その莫大な費用が空しく消えたのである。「見るに忍びず」という言葉には、金銭もふくまれていたのではないか。廃棄された艦船のほとんどは、日露戦後に建造されたものだったが、日露戦争に参戦した船もあった。敷島、朝日、それに三笠がそうである。

人員削減もおこなわれた。准士官以上千七百人、下士官兵五千八百人、さらに、海軍関係職工一万四千名が整理された。これだけの数の人間が削減されると、鎮守府や要港部の街には不景気風が吹いたことだろう。

念のため、陸軍の軍縮も見ておくこととしよう。加藤友三郎内閣の山梨半造陸相の時代に、将校二千人強、准士官六万人弱が整理された。五個師団に相当する人員が削減されたのだ。また、加藤高明内閣で陸相にあった宇垣一成は、高田、豊橋、岡山、久留米の各師団を廃止し、その分の予算を使って、軍の近代化をはかった。陸海軍の軍縮によって、財政支出にしめる軍事費の比率は下がることとなる。同時に、軍人にとっては冬の時代の到来となった。

帝国の富源

ワシントン会議では日本の権益が認められたものもあった。それが関東州の租借権だ。ワシントン会議は三つの部分からなっていた。ひとつが軍縮会議であり、もうひとつが四か国会議、それに九か国会議だ。さきに示した太平洋並びに極東問題といった場合に、前者が四か国会議で話しあわれ、後者が九か国会議で対応した。

ワシントン会議は、総会議とその下に個別会議を置き、交渉が進められた。付け加えると、会議では潜水艦や補助艦、航空機、さらに毒ガスなどについても議論されている。

先行しておこなわれたのが四か国会議だった。先に太平洋における英米日の入り組んだ権益について述べた。権益とは、領土と海軍の軍事拠点である。まず、英米仏日が参加する四か国会議において現状維持が確認され、それをもって、日英同盟は破棄された。

軍縮問題と併行してすすめられたのが極東問題だった。極東とは中国のこと、当時日本が使っていた言葉を使えば、「支那」となる。戦前の史料を使用しているので、引用の際は、その語も使用する。中国問題とは、中国の国権をいかに回復するか、ということである。中国は連合国の一員であり、米国が会議へ招請したことは先に書いた。但し、中国が参加したのは極東問題を討議する九か国会議のみである。

まず確認しておくべきことは、当時の中国においては、統一した国家主体が存在していたわけではない、ということである。フランス全権が述べた「支那とは何ぞや」という言葉は、参加国が共有する認識だった。しかし同時に、大戦後の国際環境の安定のためには、中国の国権の回復が必要であることもまた一致するところだった。その中身には、対外のみならず、国内問題もふくまれる。

中国は清末から大きな変化にさらされていた。一九一一年に孫文らの蜂起によって清朝が倒れ、翌年中華民国が誕生した。しかし革命を支援した北洋軍の長たる袁世凱が、中華民国の大総統となり、その後、孫文ら革命派と対立することとなる。中国は北京政府と広東政府が分立して存在することとなった。

袁世凱は一九一六年に死去、その後は段祺瑞が権力を掌握し、段は日本からの援助を引き出し、権力基盤をかためた。しかし、大戦後に直隷派が台頭する中で、段祺瑞は下野することとなる。他方、民間では、二十一箇条の要求を契機に反日感情が高まり、それが中華ナショナリズムを形成する大きな要因となっていく。

会議参加国は中国の国権回復に表向き同意するところではあったが、統治能力の欠如を危惧する声があり、その背後には中国における権益を失いたくないという思惑があった。

会議に参加した北京政府は、清朝の版図を継承しているとし、領土の回復とアメリカの説く門戸開放、機会均等を主張した。極東問題の討論にくわわった九か国は、英米日、それにフランス、イタリア、ベルギー、ポルトガル、オランダ、そして中国である。

会議は米国と中国との事前交渉ののちに、十一月十六日にはじまった。冒頭、米国の全権ヒューズは、中華文明の悠久に触れ、現在の混迷に言及、話は日本に及んだ。中国の門戸開放が必要だが、その門口に日本が立ちはだかっている、というのである。

その後に演説に立った中国全権の施肇基《しちょうき》は、英語で中国がもとめる十箇条の原則を述べた。その第一条は、「列国は支那共和国（中華民国北京政府）の領土保全並に政治上行政上の独立を尊重し且保障すべき事。支那（中国）は其の領土及沿岸の如何なる部分も之を外国に譲渡し又は租借せしめざるやう取計らふべき事」だった。その後の九箇条は、この第一条に集約され、それに関連するものと言えるだろう。

第二回会議にたった加藤友三郎は、中国の現下の問題は対外問題のみならず国内問題であるとしつつも、「吾人は支那が成る可く速に其平和と統一とを回復されんことを希望す」とし、門戸開放、機会均等を支持するとした。治外法権撤廃をふくめた原則も同意がなされ、残るは領土、つまり租借地の個別問題となった。

日清戦争で日本は遼東半島の割譲を受け、それを露独仏の三国が干渉したことは幾度か述べた。その後、ドイツが膠州湾を租借し、ロシアが関東州を租借した。それに刺激を受けて、英国が威海衛を租借した。そのような租借地の争奪戦は、列国の勢力均衡によってなされたものだった。しかし、いまや当事者の帝政ロシアも、またドイツ帝国も存在しない。大戦によって極東をめぐる情勢が大きく変わってしまったのである。

アヘン戦争で香港を得たイギリスは、続けて九龍を獲得、九龍に隣接する新界を租借していた。また、日清戦争で日本は台湾を植民地化していたが、香港と台湾という二つの植民地について北京政府は、返還をもとめなかった。

イギリスは威海衛の返還に同意し、フランスは広東省の広州湾の返還を了承した。日本は、中国との個別交渉で膠州湾を返すこととなった。その交渉も、英米の斡旋があり、難航を経て決まった。しかし関東州を返すことはなかった。英米も同意したのである。それはなぜか。

九か国会議の全権・植原正直の言葉を見てみよう。植原は、フランスが、広州湾の返還を明言した後に発言している。なお、植原は会議開始後、先の三名にくわえて全権となっている。

> 日本の租借権は直截支那より獲得したるものに非らずして他国が獲得したる権利に対し日本は血と財とを犠牲にして継承したるものなり、即ち関東州は之を露国より膠州湾は独逸より譲与継承したるものなるが、特に後者に対しては其還付を声明したるのみならず今や日支間の交渉正に進行中にあり次に日本は正当なる手段に依りて獲得したる旅順口に於ける権利に対しては之を放棄するの意思を有せず。
>
> （『華府会議大観』）

膠州湾は日中間で現在返還交渉のさなかだが、旅順口（関東州）は返す気はない、というのだ。というよりも、会議前から、軍縮条約を比率主義で決着し（その比率の具体的数字は要交渉ではあるが）、膠州湾は返還、しかし、関東州は死守、が規定方針だったのだろう。外交調査会では、関東州の租借権とその期限、さらに満鉄は譲れないと決まっていたという。

租借地の問題については、新聞も日本の事情が他国と異なる点を主張していた。東京朝日は一九二一年十一月二十日朝刊で、「英仏の夫れと事情が違う」とし以下のように報じている。イギリスは威海衛、フランスは広州湾の返還の前提として、日本の関東州返還を持ち出したが、英仏がそれぞれの地を領有したのは、勢力均衡のためとする。だが、関東州の領有は日清戦争にまでさかのぼり、関東州にはすでに七万の邦人が暮らし、その地の商工業をになっている。威海衛の英国人は百五十名、広州湾のフランス人は十数名に過ぎない。関東州はすでに帝国の富源を形成している、というのだ。また、一九二一（大正十）年十二月五日の東京朝日朝刊でも「関東州不放棄」という見出しをたて、関東州は「合法的大犠牲を拂つて獲た権利」として、放棄する意思はないことが述べられる。

翌日、一九二一年十二月六日の読売は社説「その性質が全く違う」で、全権・植原正直の主張を紹介し、英仏の両租借地が勢力均衡によって獲得されたものであることを説き、日本の場合は、在外邦人のうち関東州にはその三分の二が暮らしている、と述べる。東朝の記事の趣旨と同様である。当時の新聞の論調から、満洲事変後のスローガン「満蒙は日本の生命線」の端緒を読み取ることができるだろう。

そのようにして、関東州はワシントン会議を経て、日本の租借地として留保されることとなった。

但し、中国側が主張した軍事施設の撤去は受け入れた。すでに旅順の鎮守府は、一九一四（大正三）年に要港部に縮小されており、一九二二（大正十一）年にその要港部も廃止され、防備隊が置かれることとなった。さらに、一九二五（大正十四）年には、その防備隊も廃止され、無線電信所のみのこすこととなった。ワシントン会議を経て、旅順はもはや軍港ではなくなったのである。

普選の年の旅順参拝

中国から見れば、ワシントン会議によって、五・四運動のひとつの目標は達成された。一九一九年に開かれたパリ講和会議では、列国が日本の膠州湾利権を擁護する立場をとり、そのことに憤激した北京大学の学生により五・四運動という国権回復運動が始まっていた。しかし、関東州は奪われたままとなった。

だが、日本の国内に眼を転ずると、一九二〇年代前半の多くの人々の関心は、日露戦争の遺産にあるわけではなかった。一九二〇年代とはワシントン会議による軍縮の時代であり、普通選挙獲得のための民権拡大の時代だ。一九二五（大正十四）年、加藤高明内閣で成立したのが普通選挙法であり、治安維持法だった。普選による民権の拡大と同時に、社会主義による国体の変革に歯止めをかける法律がセットで誕生することとなったのだ。

三章の最後で触れた癈兵による満鮮巡礼旅行はその二つの法律が可決された直後におこなわれている。前回の話を少し振り返っておこう。

第一次世界大戦を機に物価が高騰し、癈兵とその家族の暮らしを直撃、一九一九（大正八）年に、恩給増額をもとめる組織・残桜会が結成された。残桜会の運動が奏効し、一九二三（大正十二）年四月に公布された恩給法では、癈兵への大幅な増額が認められることとなった。

しかし、残桜会は内紛が絶えなかった。理事長から会員への成功報酬の要求や、脱会者による他組織の結成などの動きが出たのである。一九二五（大正十四）年一月の残桜会による癈兵遺族連合大会では、不正を告発するビラがまかれ、巡査や憲兵までもが出動した。その四月におこなわれたのが追悼旅行であった。

満洲と朝鮮の戦蹟をまわる、戦没者慰霊の旅である。四月十三日に東京駅を出発して鉄道で下関へ、十五日に下関から船で釜山へ、釜山から京城、平壌を経て、満洲をめぐり、最後に旅順、大連を経て船と鉄道に分かれて帰国する、という旅程だ。大連から門司への到着が四月二十七日、二週間ほどの旅だった。

追悼旅行の目的を、団長の田邊元二郎の言葉からひろってみよう。田邊の「感激の旅行を終りて」は、追悼旅行の文集『満鮮忠魂碑巡礼記』の冒頭に掲載されている。なお、田邊元二郎は第五師団第二十一聯隊の一員として日清戦争に参戦し、平壌で負傷、帰国後、足を切断し義足となった（一八九五年六月二十七日読売新聞朝刊）、残桜会の幹部である。

稍《やや》もすれば國風、泰西の文弱驕華《きようか》に流れんとし、二大國難も已に三十年、二十年の夢と忘れ、小生に安んぜんとの風あるは齊しく國士の憂うべき事である。我等曩きに戰線に立ちてより茲に三十年、戰友、多くは殪れ、満鮮の地に護國の鬼となりて眠る。我等又總て身に砲彈を受け、多く手足を失ひ、廢残の餘生、僅に生く。一は戰没戰友拝禮の爲め、一は以上の見地よりして、國民精神振興の一聲たらしめん覺悟もて、満鮮戰跡の旅行をなした次第であつた。

(「感激の旅行を終りて 感謝辞」雨宮朝四良『満鮮忠魂碑巡礼記——義手義足で戦蹟巡り』)

日清日露に参戦した軍人の時代状況（文弱驕華、小生に安んぜんとの風）への憂慮がひしひしと伝わってくる文章だ。そこには、残桜会の汚名をいくらかでも雪ぎたいという意図もあったのではないか。

一行は、安東、奉天、遼陽、大連、旅順の納骨祠を参拝した。最後の参拝地が、旅順の白玉山納骨祠だった。白玉山には馬車で登った。団長以下礼拝し、参列者全員が「涙に袖をしぼった」。旅順の戦蹟は駐留する陸軍が案内した。

白玉山の次は二〇三高地だった。一行は山麓で馬車を降りた。山頂まで急勾配がつづく。足のない癈兵は担架に乗せられ頂上を目指した。その数十数人、担架の癈兵は、「有難い、有難い」と涙をこぼした。二〇三高地の山頂では、参戦者から実戦譚を聞いた。大連では官民有志の歓迎を受け、大連市立高等女学校を会場に歓迎講話会が開催された。一行がかの地をはなれたのは四月二十五日のことである。復路を汽車でとるものと、船で門司まで行くものとに分かれた。先に書いた通り、海路の一行が乗ったバイカル号が門司についたのは四月二十七日のこと、と巡礼記は述べる。「斯くして海陸二路より二十七日無事涙と感謝の満鮮戰死者、追悼の旅行を終り、話し盡されない程、書き盡されないほどの物語りをみやげとして、かくて下ノ関に着いたのである」。

父の墓の麓に自分の骨を埋めよ

一人の癈兵の感慨を紹介する。旅順で負傷し、奈良県代表として参加した石田富三郎は以下のような所感を寄せている。

私は明治三十七八年の日露戰役旅順の盤龍山の戰いに於て、左手に貫通銃創骨折の負傷をなした者であります。幸か不幸か其の傷淺くして、生を得、國家の忠勇なる癈兵として、種々なる優遇を受けて餘命を送つてゐる者であります。僅に一本の左手の自由を失つたのみで癈兵となり、もとより日常の生活には不自由を感ずるとは言へ左程大した困難も覺えず、而も國家の忠勇なる癈兵として、色々の優遇を貪つてゐると言ふことを考えたとき、いまさらながら私は　大君陛下の大御心の有難さと、國家の同情の厚きとに感涙に咽んでゐるものであります。／それにつけても思ひ出されるのは、あの滿鮮の地に寂しく眠つてゐる幾多の亡き戰友のことでありました。我等の戰友は、尊い生命を、而も若くして、遠き他郷の空に目出度き凱旋の日を見ずして、日本軍の万歳を絶叫して死んだのであります。目出度き凱旋を心行くまで味はつてゐる私はあゝ、どうしてあの悲慘な死せる戰友を思はないで居られませうか。

彼は当初、「あの寒き廣漠の原野に寂しく冷たく眠つてゐる戰死者が唯恨めしく泣いては居はしないかと思つて居た」。しかし、その想念は見事に裏切られた。

荒寥としたあの原野は、實に美田と變じ美畑と化し、豚の糞臭気芬々としてゐたあの村は町となり、町は市となり、煉瓦造りの家は堂々と建ち並、道にはコンクリートが敷かれ、而してその美田と美畑と美市街との實權は殆ど總て、戰死者の同胞人が握つてゐるのでありました。

所感の末尾で石田は日本国民に呼びかける。

國民よ！／何をうぢよ〳〵してゐるのだ。／海の彼方に國があるぞ。／廣い無限の天地があるぞ！／そこには、お前の兄が、お前の父が。／尊い懐しい墓と花園とを造つておいたのだ。／血と肉と骨とを大地に埋めて何者にもかへ難い尊い命の種子を蒔いておいた天地なのだ。／行け！行け！／朝鮮へ満洲へ！／そして父の墓の麓に、自分の骨を埋よ！

廢兵にとって、朝鮮から関東州の土地は、多くの死者と、自分たちの失われた身体によって獲得され、あとに続く人々が、美田と美畑を耕し、街をつくりあげた特別な場所であった。そしてそのような「帝国の富源」をまもるものとして、一九一五（大正四）年の二十一箇条の要求があり、一九二二年（大正十一）年に締結されたワシントン会議において日中間の交渉があり、そこで関東州の利権は保持されることとなったのだ。

廢兵らは旅順ホテルなど複数の宿に泊った。旅順の建物のほとんどはロシアが建てたもので、旅順ホテルもかつてのロシア人住宅だった。旅順戦蹟巡礼のための新たな宿泊施設「聖地会館」の開館は、その四年後の一九二九（昭和四）年を待たねばならない。聖地会館は、納骨祠と表忠塔を頂にあおぐ白玉山の南麓に建てられた。旅順が「聖地」と称されるのは、その頃からと考えられる。

聖旅順

最後に、旅順と「聖」なる言葉との結びつきについて補足をしておきたい。櫻井忠温は残桜会の追悼旅行の二年後に旅順を訪れている。すでに述べたが、櫻井は第三軍にくわわり、旅順攻囲戦を戦った。ロシア軍の最後の防戦となる望台で負傷し、瀕死の状態で発見された。加療中に『肉弾』を書いて、それが世界的なベストセラーになった。櫻井も負傷兵であったが、陸軍にのこり、一九二四（大正十三）年四月には陸軍省の新聞班長となっている。

東京朝日は、櫻井が班長になるとすぐに「戦争怪談」という全四回の連載を掲載している。東朝には、陸軍の広報のみならず、新聞検閲も所管する部署の責任者と、誼《よしみ》を通ずる意図もあったと推測する。

櫻井の旅順紀行「草に祈る」は、一九二七（昭和二）年九月から十月にかけて東京朝日夕刊に掲載され、その後、一書にまとめられた。それは、日露戦争における旅順への進軍の行程をたどり、二十三年前を回顧するものだ。毎回自身の絵も添えられている。連載のクライマックスは、望台のくだりだ。そこにいたる戦蹟には、骨片が一面にひろがっていた。あたかも砂浜の貝殻のようだった。弾丸や砲弾の破片なのだろう、鉄くずもまざっていた。櫻井に同行した旅順在住の俳人は、「土一升、鉄一升、骨一升の山」とうたった。

別の同行者が法華経を念じた。自らが負傷し、多くの戦友が死んだ場所だ。胸にせまってくるものがあった、いろいろな人が頭に浮かんできた、と櫻井は書いている。砲台の下では、中国人の子どもが、土産物として、砲弾や錆びた剣を売っていた。
最後の目的地は白玉山だった。着いたのは夜、櫻井らは提灯をもって表忠塔を登った。展望台には電灯がついていた。眼下に旧市街の灯りが見えた。新市街は寂しく、海岸の白い線が浮き上がっていた。空には七日月がかかっていた。

　こよひも亡き人達が山の草の陰から塔の灯を見つめてゐるだろうと思ふと、私はただ「聖旅順」といふ厳粛さに打たれるのであつた。

（『櫻井忠温全集』第四巻）

連載「草に祈る」はそのように終わる。その最終回（二十三回）「聖旅順」に添えられた展望台の電灯の絵は、私が二〇一三年に表忠塔に登った時に見たものと同じだ。意匠の凝ったライトだったので、一枚だけシャッターを切った。
櫻井忠温は、戦死者の視点から白玉山の表忠塔を仰ぎ見て、そこに「聖」を置く。あくまで私が眼にした範囲に限られるが、「旅順」に「聖」という形容がつく表現は、この文が最も古いものである。

第七章　鎮遠町十番地

「旅順大和ホテル及中村町」『旅順記念写真帖』東京堂（旅順市乃木町）、大正 13 年

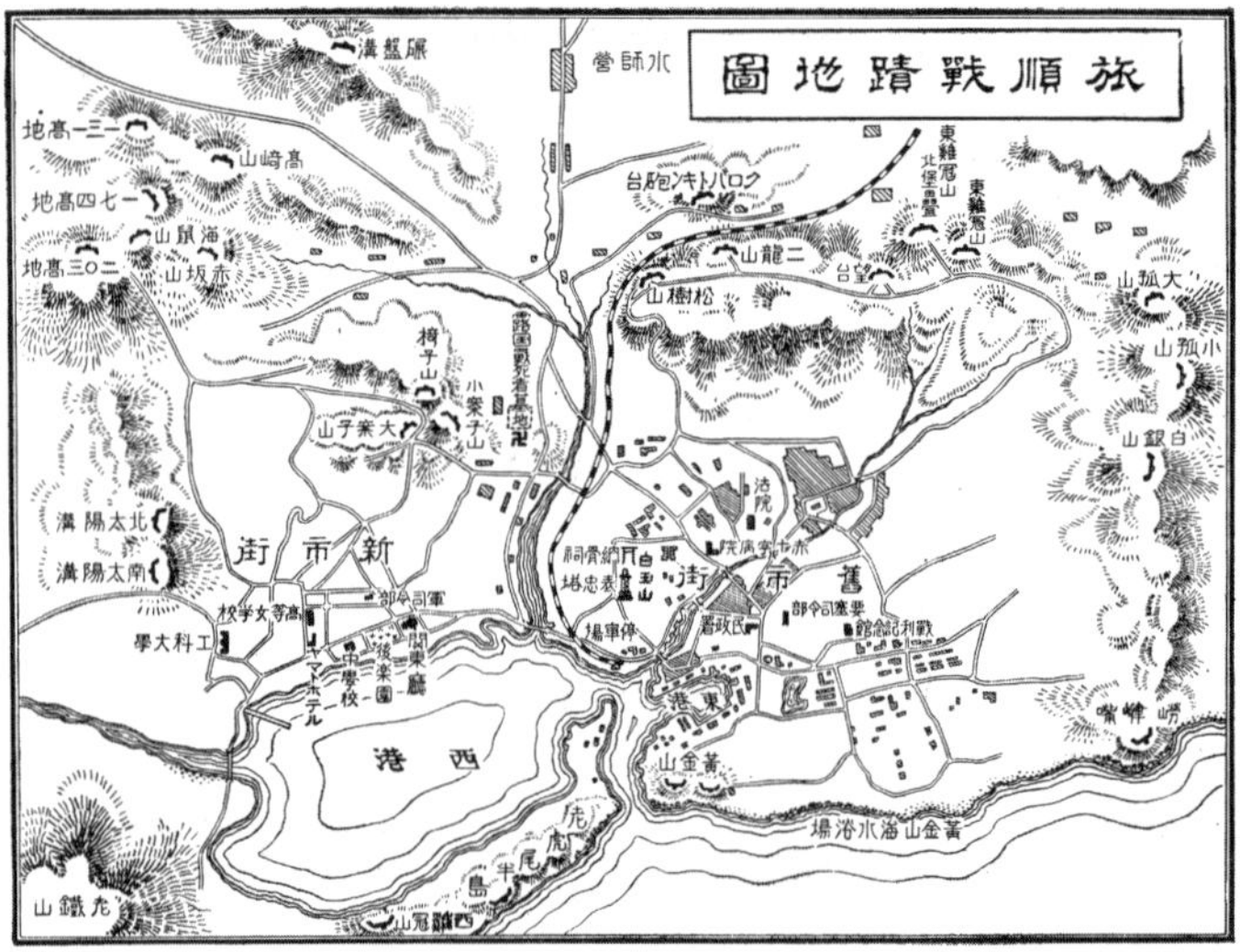

「旅順戦蹟地図」『旅順を弔ふ』大阪商船株式会社、昭和６年

一九二七（昭和二）年十一月二十六日、旅順のヤマトホテルで華燭の典があげられた。櫻井忠温の「草に祈る」の最終回が掲載された翌月のことである。新郎はモンゴル族の軍人カンジュルジャブ（甘珠爾扎布）、新婦は川島芳子だ。

川島芳子は、清朝の王家・粛親王の第十四王女で、もとの名は愛新覺羅顯玗《あいしんかくらけんし》、川島浪速の養女となり日本で育てられた。川島は粛親王を助けて、満蒙独立に半生をささげたいわゆる「大陸浪人」だ。媒酌人は、関東軍参謀長の斎藤恒である。河本大作も参列した。河本は関東軍高級参謀で、その翌年に、独立守備隊第二大隊中隊長だった東宮鉄男《とうみやかねお》に命じて張作霖を爆殺することとなる。その後、満洲の実権を握った長男・張学良が国民政府と手を結び、そこから柳条湖事件、満洲国建国へと歴史が動いて行く。

ではなぜ、清朝の王家出身の川島芳子とモンゴル族の青年の結婚を、関東軍の参謀長が仲人をつとめることとなったのか。そして、婚礼がおこなわれた場所は、なぜ旅順なのか。この章では、辛亥革命（一九一一年）から満洲国建国（一九三二年）に至る二十年あまりの旅順を、中国最後の王朝・大清帝国という視点から見ておくこととする。

但し、この間の歴史は、清朝の崩壊から書き起こさねばならないだろう。それも、現在、旧満州を指して言う「東北」ではなく、満州族、モンゴル族の地である「満蒙」と、その満蒙の地に日本がどのように関与していったのか、その経緯を記しておく必要がある。

退位まで

川島芳子と結婚したカンジュルジャブはバボージャブ(巴布扎布)の次男だ。日露戦争でバボージャブひきいる騎馬隊は青木《あおき》宣純《のりずみ》指揮の特別任務班に協力した。特別任務班とは破壊活動をになう特殊部隊だ。青木宣純は、諜報・謀略を専門におこなう最初の「支那通」軍人として知られ、日露戦争でその能力をいかんなく発揮した(藤原彰「青木宣純と佐々木到一」『近代日本と中国』下)。

中国大陸における彼の智略をつづった佐藤垢石《こうせき》『謀略将軍 青木宣純』では、井戸川辰三ひきいる特別任務班第三班が、「蒙古馬賊の大頭目」たるバボージャブの助力を得て、謀略工作をすすめる場面が描かれている。第三班の任務は、鉄橋破壊と後方攪乱にあった。その活劇のくだりは、多少創作がほどこされたものであろうが、バボージャブ将軍と日本軍との関係は、日露戦争までさかのぼることができるのだ。

その六年後に辛亥革命がおこり清朝が崩壊すると、蒙古の王公や統領は、その復辟《ふくへき》を模索、満蒙の独立を企図し、日本に支援をもとめることとなる。復辟とは、皇帝の復位、つまり、清朝の再興である。

先の話となるが、バボージャブは、一九一六(大正五)年のいわゆる第二次満蒙独立運動で蹶起し、三千の兵をひきいて南満洲の郭家店まで進軍した。郭家店は長春の南、満鉄沿線の街である。バボージャブ軍はそこで日本政府の挙兵中止命令を受けることとなる。その帰路で張作霖軍と衝突し、将軍は陣没する。中止を説いたのは川島浪速だった。その後、三人の男子と二人の女子は川島に引き取られ、次男・カンジュルジャブは早稲田大学を経て陸軍士官学校へと進んだ。

かたや、川島芳子が生をうけた粛親王家の祖は大清帝国をたてた太宗《ホンタイジ》の第一王子・粛親王豪格《ホーゲ》で、芳子の実父・粛親王善耆《ぜんき》はその十代目にあたる。粛親王とは、満洲八旗の世襲王家だ。清末にあって、善耆は大清帝国の要職をつとめていた。

柴五郎の「北京籠城」をおさめた『北京籠城　北京籠城日記』（一九六五年）には、粛親王府があった交民巷周辺の地図と王府の建物図が折り込まれている。柴五郎は一九〇〇(明治三十三)年に起こった義和団事件で、当時の外国公使館街・交民巷にたてこもり、八か国連合軍の一員として義和団と戦った。義和団は「扶清滅洋」をかかげ、外国人とキリスト教徒を襲った。柴五郎は事件当時、北京日本公使館の駐在武官だった。「北京籠城」はその体験記を述懐したものである。

交民巷で最も大きな公館は、イギリス公使館だった。義和団襲来の折は、そこに四百五十人もが避難した。王家一族が暮らした粛親王府は、そのイギリス公使館から御河をこえた東側にあった。前掲書所収の図を見ると、イギリス公使館とほぼ同じか、それよりも広い敷地を有していた。

上坂冬子『男装の麗人 川島芳子』に記されている愛新覺羅憲立の証言によれば、その屋敷の敷地は四千坪、数百の部屋があったという。二百人あまりの使用人がいた。憲立は芳子と同じ母（第四側妃）をもつ第十四王子だ。

粛親王は正室の他に四人の側妃がおり、二十一人の王子と十七人の王女をもうけた（うち三人は旅順で生まれる）。そのような大所帯でも、使用されていない部屋も多数あったというのである。芳子はそこで生まれている。

柴五郎はその粛親王府に籠城し、義和団の攻撃に耐えた。柴がはじめて王府に足を踏み入れた時、他国の士官は、あまりの広さと複雑に入り組んだ間取りに、防禦することは到底できない、と語ったという。北京の粛親王府とは、そのようなところだった。では、その時に粛親王はどこにいたのか。光緒帝、西太后にしたがって、西安に避難していたのである。その一行の規模も破格で、扈従《こしょう》したものは二千人に及んだ。

川島浪速が粛親王と面識をもったのは、義和団事件が終息し、親王が西安から北京にもどってからのことだった。義和団事件では、清朝が八か国連合軍に宣戦を布告し、戦いの終盤、連合軍は紫禁城攻撃を準備した。特に公使が殺されたドイツ軍の士気は高く、紫禁城の北側の山・景山に大砲をすえた。

天子蒙塵《もうじん》の後の紫禁城には、皇妃をふくめて官女約百名、宦官千名、さらに城をまもる宮禁兵二千名がのこっていた。川島は、景山に接する北門・神武門で兵に開城を説いた。川島の尽力により紫禁城は攻撃を免れたのだ。アロー号事件では、円明園は英仏連合軍に焼き尽くされ、金銀財宝は持ちさられたが、今回は、そのような事態は避けられたのである。そのことによって川島は、清朝の、特に粛親王の信頼を勝ち得ることとなり、のちに義兄弟の契りを結ぶ。

川島浪速は松本の生まれで、東京外国語学校で中国語を学び、日清戦争では通訳官として従軍、義和団事件では、同郷の福島安正が参謀本部第二部長から現地の司令官となり、福島の片腕として働いた。

柴五郎は、事件後、北京で軍事警務衙門長として軍政を担当し、彼が警備する管区の軍紀が厳正であったために、他国軍の軍区から日本管区へ移住する住民が跡を絶たなかった（大山梓「解説」『北京籠城　北京籠城日記』）。親王の日本への信頼は、柴五郎の活躍も助けたことだろう。

粛親王の妹は蒙古のカラチン王（喀喇沁王）に嫁いでいた。カラチン王は義和団事件後、大阪で開催される内国勧業博覧会を見学するために来日している。招聘したのは福島安正だ。

福島安正はシベリアを単騎横断したことで知られ、多数の言語をあやつる情報将校として帝国陸軍では特異な道を歩んだ。義和団事件の折も連合軍の調停作業にその傑出した語学力が活かされている（篠原昌人『陸軍大将　福島安正と情報戦略』）。

清朝における満洲族とモンゴル族の関係についてもう少し説明をくわえておいたほうがよいだろう。清朝は満洲族による朝廷で、五族（満洲、チベット、モンゴル、ウイグル、漢族）を中心とした多民族帝国だった。特に、満洲族とモンゴル族との交誼は盛んで、姻戚関係をもつことも少なくなかった。先に示した南満洲の郭家店のすぐ北に公主嶺という街がある。「公主」は皇女を意味する。街の北には「公主陵」があった。乾隆帝の皇女が蒙古の達爾罕《タルハン》王家に嫁ぐ折に、ここで病没し、埋葬されたと言い伝えられていた。公主嶺には分水嶺があり、また陵と嶺は声調は異なるも同じlingなので、公主嶺という地名となったというのだ（公主嶺小学校同窓会『満洲公主嶺　過ぎし四〇年記録』）。

分水嶺の地ゆえに高台となっており、ロシア租借地時代から軍の要衝で、日本が東清鉄道南部支線とその附属地を領有してから、関東都督府陸軍部はその地に独立守備隊司令部を置いた。

満洲族とモンゴル族の関係が深まったのは康熙帝の治世からだ。康熙帝は毎夏、蒙古の王と狩りを楽しみ、承徳の避暑山荘で過ごした。承徳のある熱河は、万里の長城の北、古来よりモンゴル族の地であった。

私的な体験となるが、一九八〇年代末に北京で暮らしはじめ、週末に「胡同」と呼ばれる旧城内の路地を歩き感じたことは、チベット仏教のラマ寺の多さだった。城内を歩いていると、視線の先に突如白塔があらわれることもあった。避暑山荘の外八廟にはチベット仏教の寺院が軒を連ねていた。それらの建築群は乾隆帝によって建てられたものだ。

北京の骨董屋で売られている家具も、明代の意匠である明式家具と清朝様式は異なるものだったし、清代の染付の陶器には満洲文字が記されていた。北京という街が、支配民族である満州族の文化を色濃くのこす街であることを、胡同歩きから感ずるようになったのだ。

モンゴル族はラマ教を信仰し、清朝はラマ教を重視した。西蔵（チベット）は清朝の「藩部」のひとつで、版図ではあった。しかし、ダライ・ラマは満州族にとっても宗教的権威であり、清朝と西蔵との関係は単純な宗藩関係ではなかったのである。

それが、清朝の都・北京にラマ寺が多い理由である。その前提として、明代の前の元代はモンゴル族が支配する帝国だったことは記すまでもないことであろう。そもそも、路地をあらわす胡同（hutong）という語は、モンゴル語に由来する。

なお、粛親王は、蒙古、西蔵、新疆という藩部をおさめる理藩部の大臣をつとめていた。その理藩部は交民巷の粛親王府のすぐ北にあった。

日清戦争、そして義和団事件を経て清朝は、多額の賠償金を科せられて疲弊し、威信も失っていく。

そこで勢力を伸ばしたのが袁世凱だった。一九〇七（明治四十）年に軍機大臣に抜擢される。軍機大臣は清朝の最高政務機関と言える軍機処の長官職だ。だが、翌年、光緒帝、西太后が続けて世を去り、袁世凱は北京から追われることとなる。

一九一一（明治四十四）年十月に武昌から各地に広がった革命の狼煙は、翌年一月、南京で中華民国の建国が宣言され、孫文が大総統に就任する。武昌の動乱後、対応に苦慮した清朝中央が呼びもどした人物は、袁世凱だった。しかし彼は、革命派とも気脈を通じ、朝廷を追い込んでいく。民国が成立した翌月に、宣統帝（溥儀）が退位し、二百九十七年の長きにわたった清朝は幕を閉じることとなる。わずか二歳で大清帝国十二代皇帝に即位していた宣統帝は、五歳で帝位から退くこととなるのだ。

旅順亡命

清朝の崩壊は古来より中国を支配していた帝政の終焉を意味した。孫文の三民主義のひとつは民族主義であり、革命軍は「興漢滅満」をかかげた。漢族の再興である。「民国」とは共和制を意味する。中華民国とは、中国大陸において多数を占める漢族を中心とした政治体制の意味だ。

もともと漢族にとって万里の長城の北は、支配の及ばない塞外の地だった。西蔵、新疆とて同様である。モンゴル、チベット、ウイグル（新疆）という三族を帝国に取り込んだのは清朝だった。よって、モンゴル族の視点に立てば、満州族が支配する大清帝国の正朔を奉ずることはできても、民国にしたがう謂れはない。清朝の王家、遺臣が復辟を志向し、蒙古の諸王がその動きに呼応することは理の当然だった。

そこに、日露戦争後の日本の国家政策とが共振していく。中国大陸には、日露戦争で獲得した関東州と、そこから満蒙の地へと伸びる南満洲鉄道とその附属地があった。清朝崩壊によってその権益が侵されるのではないか。清朝瓦解後の中国を誰が統治するのか。そのことに関心をよせ、関与しようとする意思が発生するのは、これまた自然のなりゆきだった。日本にとって清朝復辟は選択のひとつとなった。

川島浪速はその間、北京政界で奔走する。川島浪速の半生をつづった曾田勉『川島浪速翁』には、川島から参謀本部にあてた電文が掲載されている。それは当時、参謀本部次長であった福島安正に宛てたものであろう。

御前会議において満蒙の王公が共和制に反対していることを報告し(一九一二(明治四十五)年一月二十二日)、その一週間後には、袁世凱が宣統帝に退位をせまっており、粛親王は北京を脱して関東州に向かうので、参謀本部から都督府に対して便宜供与するよう依頼してほしい、と述べるのだ(同一月二十九日)。なお、これから述べる満蒙独立運動(一九一二年と一九一六年)の記述の出所は『川島浪速翁』が中心となる。

粛親王が北京をはなれたのは宣統帝が退位する直前の二月二日のことだった。偽名をつかい、商人を装い、山海関から旅順へと渡った。粛親王に同行したのは参謀本部の高山公通《きみみち》をはじめとした日本軍だった。二月六日に旅順に到着している。

粛親王の家族も、大沽《たいこ》から旅順へ渡る。その船は軍艦・鎮遠だった。鎮遠は日清戦争で日本が鹵獲《ろかく》した船である。なお、粛親王府は柴五郎が籠城した交民巷から、船板胡堂にうつっていた。そこから一家は脱出をはかったのだ。

川島芳子こと愛新覺羅顯玗の最初の記憶は、旅順へとわたる渤海での船上のものだ。半生の自伝『動乱の蔭に』は、以下の文からはじまる。

ふと、眠りから覚めると、哀調をおびた子守唄と、ざア、ざアと、波が舷側をあらつてくだける音とが耳をついた。そして、私を強く抱いてゐてくれる侍女の眼には、涙がうかんでゐた。

「なぜ泣くの、どうしたの？」

何も知らなかつた私が無心に訊くと、

「お姫さま、お姫さま……」

と言つたきり、侍女は一層はげしく咽び歔欷《なく》のであつた。

（『動乱の蔭に―私の半生記―／川島芳子獄中記』）

その侍女が落とす涙が顯玗の頰にあたった温もりと、ペンキと潮風と体臭が混淆した船室の臭いが、幼いときの追憶でいつも蘇ってくるシーンだという。上坂前掲書によれば、『動乱の蔭に』は、書き手である伊賀上茂の脚色がほどこされたものだという。確かに満洲事変後の溥儀脱出のくだりも創作がくわわっている。だが、この冒頭の記述は脚色のしようがないので、芳子の原色の記憶であろう。

芳子の兄・憲立によれば、一家が鎮遠で旅順港に着いた時、日本人小学校の生徒が最敬礼で迎えた。一家はさっそく白玉山の西、新市街にある屋敷に向かった。その建物は、赤褐色の煉瓦造りの二階建てで、その二階からは旅順の市街が見渡せた。旅順の粛親王府となるその建物は、ロシアの租借時代に別荘として建てられたものだった。庭だけで五千坪、部屋は二十八室あった。しかし、一家は四十人をこえ、使用人をふくめると六十人の大所帯だ。結婚した兄弟には一部屋があてがわれたが、同じ母をもつ、つまり同腹の兄弟が二、三人ずつで一部屋を使った。家事は、川島浪速の妻・フクが王妃らを助けて切り盛りした。

その意味するところは、先の川島の参謀本部宛て電文の通り、関東都督府・大島義昌は粛親王の「亡命」を受け入れ、特段の配慮をした、ということだろう。但し、上坂が取材した憲立の証言によれば、粛親王の旅順行きは「亡命」ではなく、「軟禁」だったというのだっだ。さらに、親王は張作霖とも交渉があったというのである。「もし日本側で自分を軟禁せず自由の身にしておいてくれたなら、歴史は変わっていたかもしれない」という粛親王が語ったとする憲立の言葉を紹介している。真相はわからない。では、以下、満蒙独立の経緯を記しておくこととする。

第一次満蒙独立運動

清朝の倒壊に際して、粛親王らは宗社党を組織した。宗社とは宋廟と社稷を意味する。共和制に反対し、宗廟の社稷をまもる、という意味である。その動きに東三省総督・趙爾巽《ちょうじそん》や張作霖も呼応したが、袁世凱により封じられていく。一九一二（明治四十五）年一月には宗社党の一人・良弼《りょうひつ》が暗殺される。

粛親王と川島は独立を画策する。参謀本部から派遣された高山公通、多賀宗之、松井清助らは、北京にあった蒙古のカラチン王、パリン王らを北京から脱出させ、挙兵準備をすすめるのだ。粛親王を北京から逃がしたのは高山だった。先に示した川島浪速の一月二十二日付電文でも、「満蒙王公ハ日本ノ援助ヲ仰ギ虎口ヲ脱センコトヲ渇望シ居レリ」と述べている。日本は軍人以外に、武器や借款も供与した。

しかし、川島の電文によれば、日本の一部は革命派とも通じていたという。満鉄が革命党と策応していることを訴えている（二月十七日）。当時の日本の対中政策は、清朝復辟派、革命派、袁世凱と、どこによるか輻輳していたのだ。内田良平は孫文に期待をかけ、日本への満洲割譲の言質もとっていたと言われる。

川島浪速は粛親王と参謀本部、都督府との関係を取り持ち、満蒙独立を準備したが、内閣は袁世凱や列国との関係を憂慮し、満蒙独立に関与しないことを閣議決定、福島安正から川島浪速へ計画の中止が命ぜられるのである。

川島の二月二十三日付電文では、粛親王が旅順にとどまることが日本の外交上支障を来すのであれば、粛親王は満州族の多く住む黒龍江へ逃れると主張している、と述べる。しかし、かの地へ行けば「露国ノ喰ヒ者トナル」ので、適当な場所が見つかるまで旅順で保護するよう関東都督府と話しあっている、というのである。

当時の日本の勢力範囲は、満鉄の北端となる長春までであり、東清鉄道沿線はロシアの影響下にあり、黒龍江のハルビンは、ロシアが開いた街だ。粛親王がかの地に行けば、ロシアにとりこまれてしまうのだ。

川島は続けて、「訪問者ハ一切拒絶シ書信ノ往来モセザルコトヲ親王ニ承諾セシメタリ」と書く。つまり、親王に独立運動に関与しないことを約束させた、というのだ。さらに、粛親王が日本領土内へ行くことも他日を期すようにした、と電文は語る。そこから、川島と関東都督府が、粛親王を手放したくないという意思が伺える。

「他日を期す」というこの話は明治天皇への直訴のことではなかろうか。上坂前掲書によれば、粛親王は明治天皇に満蒙独立の援軍を要請するために訪日を予定していた。しかし、天皇崩御により、訪日を断念せざるをえなくなった。薨去《こうきょ》は明治四十五年七月三十日のこと、粛親王は三日間の喪に服した。

愛新覺羅顯玗が川島浪速の養女になるべく日本へと旅だったのはその三年後、一九一五(大正四)年、その前年の一月に粛親王は旅順の白玉山に登り、忠魂祠を参拝、玉ぐし料二百円を奉納している。

清朝第一の忠臣

いわゆる第二次満蒙独立運動は、顯玗が日本へ渡った年の一九一五(大正四)年夏ごろから始まった。川島は、一九一二(大正元)年に書いた「対支管見」で革命は「狂人の祭礼、児童の遊戯」であるとし、共和制による政治の混乱を指摘、満蒙の独立と日本の権益とを呼応させる必要があると述べた。

その文書は、第一次満蒙独立運動後に日本の要路に配布されたという(栗原健『対満蒙政策史の一面』)。川島は一九一二年の第一次独立運動が頓挫したあとも、その実現を模索していたのだ。

宣統帝が退位して後に、臨時大総統に就任した袁世凱は一九一三年に大総統となり、一九一五年から帝政の復活を画策し、その年末に皇帝となっていた。一九一六年をもって年号を「洪憲」とした。「民国」は再び「帝国」に変わったのである。復辟派から見れば、それは明らかな王位の簒奪である。「討袁興清」に士気が高まるのは当然のことだった。

一九一五年に練られた計画では、満蒙各地で反袁世凱の狼煙をあげ、宣統帝の復位を実現し、東三省（遼寧、吉林、黒龍江）に蒙古、さらに華北をくわえて、その地に一大王国を建設する、というものだった。司令部は大連に置き川島が指揮する。その背後には日本軍がおり、予備役もふくめて多くの尉官、佐官が指導にあたり、武器の供与もなされた。時の関東都督府陸軍部参謀長は、第一次満蒙独立運動に関わった高山公通で、都督は日露戦争時に第三軍に属していた中村覺《さとる》だった。中村は、二〇三高地攻略戦で白襷隊を指揮したことで知られている。

その第二次満蒙独立運動の指導者の一人にバボージャブがいたのである。この章の冒頭に触れた川島芳子と結婚したカンジュルジャブの父親である。彼は蒙古の塩湖を根拠地とし、その塩を財源として軍を養っていた。かねてより日本軍とは関わりが深かったことは先に書いた。体が大きく、力士の梅ケ谷藤太郎のような偉丈夫だったと記されている。梅ケ谷藤太郎は第十五代の横綱、偉丈夫との形容は人としての器もふくんでのことだろう。

バボージャブは一九一五（大正四）年六月に、武器、弾薬と資金援助を要請するために、タサとバタという二人のモンゴル人を日本に派遣した。ハイラル在住の日本人・宮里好麿が同行した。しかし、日本政府は外交上の理由により援助を拒み、仕方なく民間に助けをもとめ、川島とつながって行くのだ。

バボージャブ将軍の部隊はハルハ河畔で進軍を待った。ハルハ河とはノモンハン事件でソ連モンゴル軍と日本満洲軍が対峙した場所だ。そこに、青柳勝敏ほかの予備役軍人、さらに、粛親王の第七王子・憲奎もくわわるのである。パボージャブは粛親王へ忠誠の意をつくすために、長男ノウナイジャブ(濃乃扎布)と次男カンジュルジャブを旅順の粛親王府に送った。準備は整った。

三千の部隊が三縦隊となりハルハ河畔から出発したのは一九一六(大正五)年七月のことだった。途中、中国軍との交戦を経て、興安嶺をこえ、約一か月半の時を費やして、南満洲の郭家店まで進出した。郭家店は公主嶺のひとつ南の駅である。

先に引用した『満洲公主嶺 過ぎし四〇年の記録』には、その当時の戦いとはいかなるものだったのかを髣髴とさせる逸話が記されている。なお出所は、当時、公主嶺で発行されていた『公主嶺通信』であり、孫引きとなるが、その点ご容赦いただきたい。

八月下旬、郭家店に至ったパボージャブ軍は張作霖軍と相対した。周辺からは見物人が集まってきた。飲食店は多忙を極め、ビールが売り切れた。ビール片手の観戦、近世を引きずる時代の戦《いくさ》とは、あたかも現代のスポーツ観戦のような趣だった、ということなのだろう。

反袁世凱の旗幟は、パボージャブ軍だけではなく、長春、吉林でもあがっていた。しかし、それら満蒙独立の動きを一挙に冷却化させる事件が、パボージャブ軍の出征以前に起こっていた。袁世凱の突然の死だった。六月六日のことだ。

軍や民間の満蒙独立運動への関与を黙認していた日本政府は、袁世凱の死を受けて、独立軍の解散を決定する。そもそも、日本の関与は外交上不穏当なものであり、袁世凱がいなくなれば、満蒙の権益をまもる他の方途が見つかるかもしれないからだ。

川島浪速はその命令をしぶしぶ受け入れ、支援にあたっていた関東都督府を説得して、独立軍を解散させる。すでに八月になっていた。長春の挙兵にあっては、独立守備隊が中止に動いている。バボージャブ軍に対しては、川島が直接郭家店に赴き、帰軍を指示した。

九月二日に独立守備隊はバボージャブ軍を遼河の西岸まで送り届けた。都督府の命令を受け、確実に帰路につかせるためである。その際に、バボージャブは、街の損害の補償として二千円、農事に千円、赤十字に千円、附属地内の商務会に五百円、さらに公園整備に五百円を寄贈した。それによって、その公園はバボージャブの名が冠されるようになり、その時に植えられた杏子は毎年五月になると花をつけ、花見客が集うようになったという。これも前掲書に引用された『公主嶺沿革史』の孫引きである。

挙兵中止を受け入れたバボージャブ将軍は、帰路、林西という街の郊外で、張作霖軍と衝突し、将軍は戦死する。ハルハ河畔にもどってから、盛大な葬儀がおこなわれた。日本政府は、挙兵にくわわった日本人に離隊するよう命令を下したが、しかし、その命令にしたがわないものも多数いた。その後、馬賊として満蒙の地にのこる兵も少なくなかったのである。

袁世凱の後を継いだのは黎元洪であり、日本は黎元洪の南北調整に期待する。満蒙の権益擁護を、清朝復辟ではなく、そちらにかけることとしたのだ。

粛親王が旅順の地で亡くなったのはバボージャブに遅れること六年のことだった。当時川島浪速は、大陸を去り、最上川の上流、山形と秋田の県境で油鉱の発掘につとめていた。それを耳にした粛親王は手紙を書いた。死の直前のことである。

油鉱に天命を占ふべく最後手段を取るとの事であるが、斯る小失敗を以て天命を決すべきに非ず。吾党は千挫万折するも、此の生有ん限り此の志棄つべからず。若し風外（川島浪速―引用者注）にして素志を抛つ様の事有れば、予は最早此の世に志業を達成するの望なし。旅順の海にこの身を投じて死なんのみ。

粛親王は満蒙独立という志を川島によせ、その志を遂げることなく旅順で永眠することとなった。霊柩は汽車で奉天、山海関を経て、北京崇武門外にある王家の陵墓に運ばれた。粛親王の死の折、宣統帝はいまだ紫禁城にいた。なお、民国の視点から見れば、廃帝となるが、ひとまずここでは宣統帝と呼ぶ。政変により紫禁城から追われるのはその二年後のことだ。

粛親王には「誠」の諱《いみな》が与えられるようはかられた。その字は第四位の贈《おく》り名《りな》であった。しかし溥儀は、「それではならぬ」とし、第一の「忠」にするよう命じた。宣統帝にとって、満蒙王国の建設に後半生をささげた粛親王は、「清朝第一の忠臣」だったという。

粛親王の死後、川島浪速は遺児の教育にあたることとなった。それは、親王の遺言と遺族の依嘱によるものだった。学齢期にあるものは、日本へ留学するか、満鉄経営の学校で教育を受けることになる。上坂前掲書には、第四側妃の子九人（男子六名、女子三名）のその後が記されているので、そこだけ引く。

長男の第十四王子・憲立、次男の第十六王子・憲方、第十七王子・憲基、第十八王子・憲開、さらに第二十一王子・憲東は陸軍士官学校へ、第十九王子・憲容は東京帝国大学に進んだ。長女・愛新覺羅顯玗（川島芳子）は跡見女学校から川島の転居にともなって松本高等女学校に聴講生として通った。次女の顕瑠は東京女子医専へ、三女の顕琦《けんき》は学習院で学んだ。末娘、第十七王女・顕琦については、この章の最後で改めて触れることとする。

バボージャブの遺児も川島によって引き取られている。長男ノウナイジャブと次男カンジュルジャブが挙兵の折に粛親王府に預けらたことはすでに述べた。くわえて、三男ジョンジュルジャブ（正珠爾扎布）の三人が陸軍士官学校に進んだ。将軍には二人の女子がおり、長女は粛親王の第九王子・憲貴の妻となった。次女は大連高等女学院から東京にうつり、三輪田高等女学院へと通った。

その後、粛親王の男子、また、バボージャブの男子の多くは、満洲国で要職についている。以上が冒頭に述べた、一九二七（昭和二）年十一月二十六日に旅順ヤマトホテルでカンジュルジャブと川島芳子が式をあげることになった背景である。カンジュルジャブは陸軍士官学校に通っていた時に、芳子を見初めた。しかし、二人はその三年後にわかれ、芳子は日本陸軍によるさまざまな特殊工作に関わることとなる。そのひとつに溥儀の皇妃・婉容《えんよう》を、天津の日本租界から脱出させる任務があった。そしてその脱出先は、旅順だったのだ。

「吼える中国」と関東軍

満洲国建国前夜の「旅順の溥儀」を語る前に、関東軍誕生の経緯もおさえておく必要があるだろう。そもそも関東軍とは何か、なぜ関東軍が満洲国建国に関与していったのか、という問題である。但し、

「関東軍」「満洲国」というテーマにはおびただしい数の書籍があり、委曲をつくした研究も少なくないので、基本事項を記しておくことにとどめる。

日露戦後、満州軍総司令官の下に関東総督府が編成される。総司令部の帰還により、総督府が軍政業務と鉄道業務を引き継ぐこととなる。総督府が民政の都督府に代わったのは、一九〇六（明治三十九）年のことだ。前述した通り、関東都督は旅順にあった。

都督は行政をつかさどる「民政部」と軍を統率する「陸軍部」からなっていた。しかし、その所管は錯綜していた。政務は外務大臣の監督であり、軍は軍部、具体的には、軍政、軍人は陸軍大臣の所管で、作戦、動員計画は参謀総長、軍隊教育は陸軍教育総監の監督を受けることとなっていた。後藤新平が満鉄就任の折に憂慮した多頭政治の端緒があったのだ。

南満洲鉄道の権益は、関東州だけではなく、満鉄の附属地もふくまれていた。附属地は長春大連線、支線となる旅順線、安奉（安東―奉天）線の鉄道沿線の土地だけでなく、駅周辺の市街地も入る。関東州外の鉄道附属地の面積は約三百平方キロメートル強あった。

南満洲鉄道の営業が開始されるのは、一九〇七（明治四十）年四月のことである。その鉄道警備のために独立守備隊歩兵六個大隊（約五千四百名）が新設され、そこには、予備役、後備役の志願兵があてられた。他に駐箚一個師団も駐留することとなる。合計一万強の兵力だ。

その都督府陸軍部が、辛亥革命以降の満蒙独立運動でも、参謀本部の指示を受けつつ、陰に陽に関与していくのである。独立守備隊が予後備役から構成されていたことも、裁量で動く余地を与えることとなった。守備隊が現役兵で構成されるようになるのは、一九一六（大正五）年のことである。

都督府が廃止となったのは、第一次世界大戦が終結した後の一九一九（大正八）年のことだ。その時に、文官からなる関東庁と関東軍に分かれるのである。関東軍の下には変わらず駐箚一個師団と独立守備隊があった。

駐箚師団司令部は遼陽に置かれ二年ごとに交替し、独立守備隊の司令部は公主嶺にあった。守備隊は外地にある直隷軍という位置付けであり、まさに「独立」していたことにより、統帥権によってまもられていた。そのこともまた、独断的な行動を許すことにつながっていく。

だが、関東軍とて、第一次世界大戦後の軍縮の制約を受けることとなる。独立守備隊は、一九二二（大正十一）年の陸軍大臣・山梨半造による軍縮で廃止が検討され、一九二五（大正十四）年の宇垣陸相の軍縮では第五、第六大隊が廃止され、計四個大隊となった。

海軍においても、一九二二（大正十一）年に旅順の要港部が廃止となり、防備部に縮小され、さらに一九二五（大正十四）年にはその防備部も廃止されて、無線電線所のみをのこすこととなった。その決定がワシントン会議によるものであることは先に書いた。軍縮の時代、関東州と満鉄沿線の軍備も大幅に削減されることとなったのである。

他方、世界大戦は中国にも大きな影響を与えていた。大戦途中の一九一五年に日本は袁世凱に二十一箇条の要求を承諾させた。対中要求の総ざらいというべきこの要求をまとめたのは加藤高明であったことは先に書いた。第一次世界大戦のパリ講和会議において、中国の代表団は日本に対し、同要求の取り消しと山東半島のドイツ利権の返還をもとめた。が、中国側の要求は認められず、中国国内ではその不満が爆発することとなる。それが、北京大学の学生の示威行動からはじまる五・四運動である。

すでに触れたが一九二一年から翌年に開かれたワシントン会議では、中国の主権と独立、対外的な機会均等と門戸開放が合意された。日本は関東州と満鉄の権利は確保し、山東半島の旧ドイツ権益のみ中国に返還することとなった。民族意識の高まりのなか、前者は「旅大回収」という形で継続していくこととなる。そのことは「はしがき」ですでに触れた。

大戦の途上で起こったロシア革命も中国大陸に大きな衝撃を与えていた。領土問題に限って見ても、一九一九年、外務人民委員代理カラハンにより中国に対する不平等条約撤廃の宣言が出されると、それを歓迎する声がわきおこる。カラハン宣言は南の革命政府のみならず、北京政府の両方に出されたものだった。

さらに、コミンテルンは中国国内に共産党を生み出し、国民党も連ソ・容共へと舵を切る。そのような動きが一九二四年からの第一次国共合作へとつながっていく。ソヴィエトによって示された労働者、農民、赤軍との連帯という呼びかけが、知識人を中心とした人々の心に響くこととなった。大戦後、中国に大きな地殻変動が起こっていた。そこには、米国大統領ウィルソンが提示した十四箇条の平和原則のひとつ「民族自決」が少なからぬ影響を与えていた。

その間、中国においては、その民族意識の高まりもあり、在留邦人に対する殺傷事件も起こっていた。

中国軍と日本軍が一触即発となる事案も増えていた。郭松齢事件もそのひとつだ。郭松齢は、張作霖軍の軍人だったが、次第に張作霖とその背後にある日本に疑念を抱き、一九二五（大正十四）年に反旗をひるがえす。が、関東軍は張作霖を支持し、鎮圧を助けるのである。

翌年には、国共合作を後ろ盾として国民革命軍の蔣介石が北伐を開始する。張作霖をふくめた北洋軍閥打倒が目的のひとつだ。対して日本は、居留民保護を名目として山東へと出兵する。その途上で起こったのが国民革命軍との軍事衝突・済南事件だった。それが、国民党と帝国陸軍の疎隔と相互不信を拡大する。済南事件の前年にはイギリス租界を回収した漢口事件、さらに南京入城の折に米英との衝突が起こった南京事件も起こっていた。

一九二六年に四川省で起こった万県事件は、イギリス軍との衝突であったが、その事件を題材にしてソ連の脚本家トレチャコフは「吼えろ！　中国」を書く。大戦後の民族主義の高まりはまさに「吼える中国」だったのである。そして、その咆号に対峙したのが関東軍だった。

関東軍高級参謀だった河本大作は、一九二八（昭和三）年六月、日本の意にそわなくなっていた張作霖を爆殺する。その長男・張学良は国民政府に旗幟をあらため（易幟《えきし》）、日本人や朝鮮人への土地貸借や売買を禁止し、排日の姿勢を露わにしていくのだ。

河本の後任の関東軍高級参謀となったのが板垣征四郎（大佐）であり、張作霖爆殺の四か月後に関東軍作戦主任参謀に配属されたのが石原莞爾（中佐）だった。その二人が、柳条湖事件から関東軍の出兵、つまり満洲事変の青写真を描いていく。

出盧に際して

溥儀が旅順へと移るのは、柳条湖事件の二か月後のことだった。十一月十日夜に天津の日本人租界をはなれ、翌十一日未明に大連汽船の淡路丸で営口へと向かった。営口では甘粕正彦が迎え、装甲列車で湯崗子《とうこうし》温泉へ、その後、旅順のヤマトホテルに居を移している。

溥儀は、清朝滅亡後も紫禁城に住んでいたことは先に記した。政変により紫禁城を追われたのは一九二四（大正十三）年のことだった。一旦住んだ北府から脱出した先は、天津の日本公使館であった。

溥儀の教育に携わっていたイギリス人・ジョンストンの影響で、退位後の溥儀は、辮髪を切り、ヘンリーと名乗っていた。ジョンストンはオクスフォード大学への進学をすすめた。しかし、歴史はそのようには動かなかったのだ。溥儀が逃げ込んだ先は、日本公使館であり、そこで関東軍の術中に陥ってしまう。現在の視点から見れば、そのように言えるだろう。

溥儀の頭の中には、復辟により、「後清」での仕官を期待する側近への配慮もあったことだろう。後清とは、漢代を清朝になぞらえたもの言いだ。漢代は前漢と後漢にわかれ、その間に王莽による帝位の簒奪・新がはいる。つまり、民国は新となるのである。溥儀は光武帝を夢見た。

『わが半生』を読むと、帝国日本への傾斜、つまり、日本を後ろ盾としようとする考えは、家臣のみならず、溥儀自身にも強くあったことが感じられる。溥儀は関東大震災の被災に三十万ドル相当の見舞金を提供していたし、「日本人に対する「感情」」についても触れている。

日本公使館からはなれた溥儀と皇后、そして妃は、天津の日本人租界に移った。溥儀がいまだ紫禁城にいた一九二二年に婉容を皇后に、文繡《ぶんしゅう》を妃として迎えていた。

婉容が天津を立ったのは、溥儀に遅れること二週間、十一月二十六日のことだった。男装の川島芳子は車を駆って婉容の脱出を助けた。芳子はすでに、参謀本部付で上海駐在の田中隆吉の下で特殊工作についていた。田中の上には、奉天特務機関長だった土肥原賢二と関東軍高級参謀の板垣征四郎がいた。婉容の脱出はその命によるものだった。

一九三一（昭和六）年末、溥儀がヤマトホテルから移った先が、粛親王府だった。粛親王逝去後、その屋敷には、第三王女・顕珊に第十六王女・顕瑠、第十七王女・顕琦の三人が住んでいた。顕珊は東京で女子高等師範に通っていたが、粛親王危篤の知らせを受けて帰国し、父の遺志をついで旅順にとどまり、年のはなれた二人の王女の面倒を見ていたのである。ちなみに女子高等師範の後進はお茶の水女子大学である。

屋敷は溥儀らにゆずり、三人は別の家にうつった。この章の標題の説明が遅れたが、その家、つまり粛親王府の住所が「関東州旅順市鎮遠町十番地」だったのだ。

そこで溥儀は大きな決断をせまられることとなる。それが満洲国の執政への就任だった。対座したのは関東軍参謀の板垣征四郎だ。

柳条湖事件後、関東軍はただちに瀋陽を占領し、長春、営口、安東、遼陽と戦線を拡大、蔣介石軍は南京にもどり、張学良、奉天軍は抵抗しなかった。関東軍司令官・本庄繁（中将）は着任したばかりで、板垣と石原の画策に動かされた。朝鮮軍も国境を越えて参戦した。

その報に接した溥儀は、「矢もたてもたまらず東北へ行きたかった」という。瀋陽には祖先の陵墓がある。満洲は「祖宗発祥の地」だからだ。復辟がかなうかもしれない、そのような期待がわいたことだろう。

だが、板垣が溥儀に提示したものは、復辟ではなく、新国家の建設だった。板垣との会見は、一九三二（昭和七）年二月二十三日におこなわれた。板垣は溥儀に特別な印象をのこした。「日本の将校のなかで彼の服装はもっともととのっていた」、「袖口には目を射るほどに真白なワイシャツがのぞき、ズボンの折り目ははっきりとついており、時々そっと両手をこする習慣までが、私にすこぶるスマートな印象を与えた」。

板垣は、張学良の統治は人心を得ず、日本の満蒙権益が守られなかったとし、事変後の満洲全域への軍事進攻の正当性を述べた。ついで、日本の「満洲人民を援助して王道楽土を建設する誠意」について語った。その後に提示があったのが、新国家「満洲国」の建国であり、その首都は長春に置き、新たな国家は、満洲族、漢族、モンゴル族、日本人と朝鮮人によって構成されるとした。机に、「満蒙人民宣言」と「満洲国国旗」を出した。

板垣の話を聞いた溥儀は、「怒りで胸もはりさけそうになっていた」と『わが半生』に記す。構想が復辟ではなかったからだ。板垣はつづけて、東北行政委員会が決議し、閣下を新国家の元首「執政」に推戴した、とした。皇帝ではなく、執政という呼称も受け入れがたかったが、日本人から、「宣統帝」や「陛下」ではなく、「閣下」と呼ばれることも初めての経験だった。板垣は溥儀を「帝」として扱わなかった。

溥儀板垣会見の一週間前の二月十六日、十七日の両日に関東軍主導による新国家建設会議が開かれていた。新たな国家は、立憲共和制とし、元首は執政とし、東北行政委員会を設立する方針が決まっていた。翌十八日には、奉天、吉林、黒龍江の三省が中華民国からの独立を宣言し、翌十九日には、執政として溥儀を推戴することが決定していた。外堀は埋められていたのである。

溥儀は板垣に、「名不正則言不順、言不順則事不成（名正しからざれば、言順《したが》わず。言順わざれば、事成らず）」という論語の一節を引き、民の心の向かうところは大清の皇帝だ、と強く主張した。「執政」では人心を得られない、というのである。

板垣の満蒙権益の「正当性」に対して、溥儀が反論した論拠は、清朝の「正統性」だった。板垣との会見前に、溥儀は側近に依頼し、日本に対する十二箇条の要求を準備していた。そこには、「一、東亜五千年の道徳を尊重するならば、正統でなければならない」から始まる「正統でなければならない」理由が記されていた。十二箇条の中には、王道の実行（二）、中日両国の共存共栄（四）、民主主義制度と共和制の害悪（五、七）といった項目がならんでいた。

かえす板垣は、「執政」の提案は過渡的なものとし、議会が成立した暁には、帝政を復活するとした。その条件のもとに、溥儀はその提案をのんだ。「虎穴に入らずんば虎児を得ず」という臣下の言葉を、『わが半生』にのこしている。

満洲事変における出兵は石原莞爾が構想し、上司である板垣の賛同を得て実行に移された。石原の思想の背後には、米国との「世界最終戦争」があり、そのための満蒙における資源の獲得があった。その話は八章でするが、その謀略を実行したのは板垣の胆力だった。

平山周吉『満洲国グランドホテル』は、戦前に出版された板垣本を参照しつつ、板垣の「腹」と「頭」と「手」について記している。頭とは学力だ。板垣の陸軍大学の成績はビリに近いものだった。平時では出世は望めない。が、その「腹」、つまり胆力で、満洲国建国という大事をなし、その後の栄達を手にした。
それを支えたのは「手」だった。一九三六（昭和十一）年五月に、満鉄あじあ号の車内で取材を受けた折、左手に愛刀・大和包清《やまとかねきよ》を握りしめ、重要な場面になると右手拳でテーブルをたたいた。取材者・小林知治は、腹芸外交をくりひろげた大立者に感嘆の声をあげる。他の板垣本でも、かれの「手」と「立派な身なり」への言及があるという。「板垣は言語能力に不足があっても、それをボディランゲージで補っていた人種のようだ」。溥儀が描く「目を射抜くほどの真白なワイシャツ」も「ズボンの折り目」も計算ずくだったのであろう。

話を旅順にもどす。『川島浪速翁』には、「出蘆に際して」の溥儀の言葉が記されている。出蘆《しゅつろ》とは、諸葛孔明が劉備に請われて草蘆を出た故事による。隠棲していたものが再び官につくことである。その時、溥儀は、「日本人は明治大帝の大御心を忘却せし」と嘆息した。明治天皇についての言及は、先の十二箇条の九条にある。

九、貴国の興隆は明治大帝の王政によるものであった。その群臣に訓諭するところを見るに、一として道徳を発揚し、忠義を教えざるはなかった。科学は欧米に採るも、道徳は必ず孔孟にもとづき、東方固有の精神を保存し、欧風の弊習に汚染することを防いだ。ゆえに万衆よく師長に心服し、国家を保護すること手足の頭目を守るがごときをえた。これは私の敬佩《けいはい》するところである。明治大帝のあとを追うためには、正統でなければならない。

先帝の光緒帝は、日清戦争後、康有為らを重用して、立憲君主制を模索したが、西太后によってつぶされる。粛親王も日本型の立憲君主制をめざした。復辟派にとって明治国家は、帝政が近代化をはかるためのモデルだった。但し、十二箇条のうち九条から十二条は、溥儀が直接に書かせたものではなく、臣下の陳曾寿が付け加えたものだという。

ここで言えることは、人民共和国建国後の回想記に記した日本人に対する「感情」には、復辟が目指すべきところの明治国家の理念の満洲における実現もふくまれていた、と解することができる。が、関東軍はそのような溥儀や清朝遺臣の意思をくみ取ることはしなかった。細木重辰「板垣征四郎」(『帝国陸軍将軍総覧』)によれば、当時、朝鮮総督にあった宇垣一成はその日記で、事変の報に接し、新国家の構想を示し、その「中心人物の選択」は、「多少の人気役者でさえあれば可なり」と述べていたという。

宇垣は、奉天郊外の日中軍事衝突の翌日九月十九日から、新政権を樹立し、支那本土と切りはなして善後処置すべきと、首相(齋藤實)、陸相(南次郎)、関東軍司令官(本庄繁)に進言していた(昭和六年十月五日『宇垣一成日記』2)。九月十九日の日記に早くも「保護独立国」という言葉が出てくる。

十八日の夜間奉天北方北大営附近にて日支軍の衝突あり。徹底的膺懲と自衛の意味か奉天城をも占領し其他沿線要所の軍隊の武装をも解除せしめたり(中略)保護独立国建設等の大芝居が打てぬなら、所謂画竜点晴を欠くものである。

次の記載が九月二十三日で、そこで「人気役者」がでてくる。

保護国の建設少くとも（張）学良の駆逐までは持ち行かねばならぬ。乍併《しかしながら》個様《かよう》な事をしたならば霞ヶ関（外務省）辺では腰を抜かすものがあるかも知れぬから、出先に於て膳立てをなし最後の承認丈けを持ち込む位になさね（ば）ならぬ意味は、奉天へも通じ鈴木に託して東京へも通じ置きたり。而して中心人物の選択などで余り誤駄付かぬ様手早く決定することが肝要である。多少の人気役者でさへあれば可なり。

時の朝鮮総督・宇垣一成が、（偶発的な）軍事衝突から、外務省（霞が関）を出し抜いて、出先（満洲）で、保護独立国を建設するという大芝居をうち、そこに、お手製の人気役者を据えるという構想を、事件後すぐに日記に書きつけているということは、このような計画が広く陸軍要路にあったということなのであろう。これは傀儡国家の樹立以外の何物でもない。

その「人気役者」の候補は溥儀だけではなかった。満洲国をギリシア神話の怪物キメラになぞらえて、そこにおける民族差別と強制収奪の構造、さらに、理念としての王道が兵営国家に堕していく過程を描いた山室信一『キメラ――満洲国の肖像』を読んで知ったことだが、何人かの候補があがっていたのだという。昭和天皇は張学良の名をあげていた。そもそも復辟は、「時代錯誤の企て」と考えられていた。南の共和制（民国）に対抗するために、外交的な配慮からも共和制がもとめられたのである。

　同時代の価値観から見れば、確かに帝政の復活は錯誤となるのであろうが、これまで見てきたように、義和団事件、日露戦争、満蒙独立運動という明治から大正初年の歴史を起点として考えれば、時代錯誤という言は当てはまらないのではないか。清朝復辟も、日露戦争の癈兵を日露戦後に多くの日本人が忘れさっていったように、関東軍においても、顧慮されることはなくなっていたのだ。溥儀の言葉を借用すると、「日本人は明治大帝の大御心を忘れた」のである。関東軍もしかり、ということなのだろう。

　以下は多分に主観的なもの言いとなるが、近代日本の蹉跌の原因は、対外膨張主義や軍の暴走だけにあるのではなく、自らの歴史や記憶に対する健忘症にも、その一端をもとめるべきではなかろうか。鶴見俊輔は吉田満との対談で、昭和前期に社会を覆っていたものを「ブレーキ無しの桃太郎主義」と語っていた。本来は歴史や記憶が、桃太郎に象徴される冒険主義を制御、とはいかないまでも、飼いならしていくべきなのに、そうはならなかったのである。そして、そのような日本人がもつ気質は、現在に至っても大きく変わってはいないように見える。

　宇垣は、満洲国の上にたつものは、「多少の人気役者」でよいと語ったが、かつて清朝復辟に尽力した川島は、君主制を強く主張していた。満洲国建国直後の一九三二（昭和七）年六月に齋藤實総理大臣宛てに出された意見書で、満洲国の国制は皇帝による親政とすべきであり、皇帝のもとに国務院を中核とした行政院をおき、軍事も王室直属の軍事府を設けて、皇帝を大元帥とする統治構造にすべきであるとする。つまり、大日本帝国と同じ統治体系である。

その翌年七月に書かれた「対支卑見」では、自身の数十年間の体験によって、満蒙が君主国であらねばならぬ理由を縷々述べている。だが、「不幸、当事者の顧《かえりみ》る所と為らず、遂に共和国なる名分の下に満洲国の出現を見た」のだ。川島は、一部の奉天派の意見にしたがって満洲に共和制が採用されたが、共和政体は民心の望むところではなく、我が国に対する反感と誤解を助長せしめた、という。関東軍主体の満洲国は、人心を得ず、さらに、日本への反発さえも引き起こした、と主張するのだ。

「対支卑見」が書かれた翌年一九三四（昭和九）年に、満洲国は満洲帝国にあらたまり、溥儀は康徳帝となった。執政に就任した二年後に、帝政は復活したのである。だが、建国直後に、軍事、外交権などを日本に託すとする日満議定書が結ばれており、側近が望んでいた人事任命権すらも得ることはなかった。国の政策は、それぞれの司《つかさ》の次長につく日本人によって握られることとなった。その後の満洲国については、九章で触れることとする。

思い出の旅順

最後に愛新覺羅顕琦の旅順を記しておく。先に、一九三一年暮れに溥儀らは、旅順の粛親王府に移った、そこには三人の王女が住んでいたと書いた。顕琦はその一人で、粛親王の末娘、第十七王女である。旅順の粛親王府で生まれ育っている。日本語で書かれた自伝『清朝の王女に生まれて』によれば、顕琦は一九一八年九月十四日に生を受け、父・粛親王の死は三歳の時のことだった。

二〇三高地の麓にあった旅順第二尋常小学校から旅順高等女学校、満洲国建国と同時に、長春高等女学校へ転入した。その後来日し、学習院から日本女子大学へと進学した。日本敗戦前に中国にもどる。中華人民共和国建国後、日本語の能力を活かし、北京編訳所につとめるも、反右派闘争を経て十五年にわたる獄中生活を強いられ、文化大革命では七年の強制労働が科せられた。
同書では、幼少時代を過ごした旅順について一章が割かれている。顕琦は王府の二階の中央の部屋で生まれ、ヴェランダから外を眺めて育った。老虎尾半島が見えた。

何故だか私の記憶にはいつもきれいに澄んだ空、刻々とうつり変わる白い雲、チカチカとまばたきをする沢山のお星さま、まあるいまあるいお月様、そして、天の川と北斗七星と金星は旅順でしか見た事がないように、印象深いのです。

庭には、桃や杏子、アカシヤ、そして八重桜があった。新市街に住む日本人は、王府の杏子の開花で春の到来を語りあった。杏子が終わると、アカシヤが咲く。アカシヤの花をもいで、花芯を吸った。「それは、とても香り高くちょっと甘い味で、私にはどんな上等なお菓子よりも美味しかった」。秋にはコスモスが咲き乱れ、そこには葵の花もまじっていた。庭には日本人から寄贈された椿があった。
その「旅順の思い出」の章は以下の段落で終わる。

旅順に生まれ育った事のある人で、今でもそこを恋い慕わない人はないと思います。私はアカシヤの咲く頃ともなれば、ひとしお旅順恋しさが募るのです。いまは、軍の重要地点となっているので、観光客は入れません。私もその後一度も行ってません。ぜひもう一度行ってみたい反面、このまま「思い出の旅順」としておいた方が良いのではないかとも思うのです。

かつて、鎮遠町十番地にあった粛親王府は、二〇一四年に遼寧省により「文物保護単位」に指定された。現在の住所は、大連市旅順口区新華大街九号である。現在旅順は大連市に編入されている。旅順は大連から地下鉄が伸び、大都市・大連のベッドタウンとなっているという。

もうひとつだけ記しておくべきことがある。川島芳子の最期だ。芳子が国民党に逮捕されたのは、一九四五年十月十日のことだった。第一回の公判はその二年後、一九四七年十月八日、河北高等法院には三千人が傍聴に訪れた。ほどなく死刑が宣告され、ただちに南京の最高法院へ上訴される。翌年三月に原判決支持となり、死刑が確定する。

その判決文には、「父、粛親王は清室再興を図ったが成らず、請求人(川島芳子)は外力を藉りて父の遺志を遂げんとした。日本政府はそれを利用し、九・一八事変(満洲事変)後中国に対する秘密工作に従事させた」と書かれていた。その後も日本軍の特務工作をにない、「終始一貫敵に通じ国に叛逆した」。芳子が処刑されたのは同年三月二十五日の夜明け前のことだった(益井康一『漢奸裁判史』)。

和訳された旧版の『わが半生』で溥儀は、金壁輝(川島芳子の漢語名)をふくめて、川島浪速に育てられた愛新覺羅善耆の子どもたちは、「一族そろって親日派の漢奸」だったと記している。先に述べた通り、溥儀は善耆を「清朝第一の忠臣」と称したが、満洲国崩壊後、その評価は百八十度変わってしまったのである。

第八章　石原莞爾と水野廣徳の日米戦争

「（旅順）関東庁」『旅順記念写真帖』東京堂（旅順市乃木町）、
大正 13 年

一九二八（昭和三）年十月に旅順の関東軍司令部に着任した人物がいた。石原莞爾である。陸軍大学校教員から、関東軍作戦参謀への転任だった。

石原着任前の五月、山東省済南で日本軍は北伐途上の国民革命軍と衝突する。翌月、関東軍高級参謀・河本大作は張作霖を爆殺する。その子・張学良は日本から離反し、国民党に易幟、日本軍と敵対することとなった。その奉天軍は、奉天付近に二万、全満洲では二十五万の兵を擁していた。だが、関東軍には一万余りしかいない。

関東軍上層部は奉天軍の満蒙からの排除を検討、石原は着任後すぐに河本大作と作戦計画を練ることとなる。だが、河本は事件により予備役となり、後任についたのは板垣征四郎だった。板垣は中国勤務が長く、石原とも旧知の間柄、のちの柳条湖事件から満洲国建国に至る計画は、その二人によって策定されることとなるのだ。

日本の活くる唯一の途

石原の満蒙領有構想が、関東軍参謀の間で共有されることとなったのは、一九二九（昭和四）年七月三日から十五日にかけておこなわれた参謀旅行においてだった。その二日目、長春で石原は「戦争史大観」を講ずる。その内容は、フリードリヒ大王からはじまり、ナポレオン、モルトケ、シュリーフェンと第一次世界大戦に至る欧州の戦争史を概観し、来るべき世界大戦を予測したものだ。なお、この関東軍参謀旅行での講義など石原に関する資料は『太平洋戦争への道 開戦外交史 別巻資料編』(国際政治学会太平洋戦争原因研究部)に所収されたものを使用する。

では、石原の語る「戦争史」とはいかなるものだったのか。まず、言及した人物を確認しておこう。フリードリヒ大王とはフリードリヒ二世、十八世紀、オーストリア継承戦争を経て、プロイセンを欧州の強国にした啓蒙専制君主である。モルトケはプロイセンの軍人で、十九世紀に発生した普墺戦争、普仏戦争を勝利にみちびき、ドイツ帝国の成立に貢献した人物だ。シュリーフェンは、十九世紀後半に活躍したドイツの軍人で、国境を接する対仏、対露戦略を策定した軍略家として知られる。シュリーフェン・プランは、第一次世界大戦、そして、第二次世界大戦のドイツの作戦計画に大きな影響を与えたことは先に触れた。

石原は陸大の教官となる前にドイツへ留学している。彼の戦争史観には、ドイツの陸軍戦略が色濃く反映しており、特に軍事史家ハンス・デルブリュックの影響を受けていた。「戦争史大観」の緒論の一において石原は、「戦争ノ進化ハ人類一般文化ノ発達ト歩調ヲ一ニス」とする。社会の進歩に応じて戦争も進化するのだ。それはデルブリュックの思想である。続いて二で以下のように述べる。

平和戦争ノ絶滅ハ人類共通ノ理想ナリ　然レトモ道義的立場ノミヨリ之ヲ実現スルノ至難ナル事ハ数千年歴史ノ証明スル所ナリ／戦争術ノ徹底セル進歩ハ遂ニ絶対的平和ヲ余儀ナカラシムル最モ有力ナル理由トナルヘク其時期ハ既ニ切迫シツヽアルヲ思ハシム。

欧州大戦（第一次世界大戦）はヨーロッパの各民族による消耗戦であり、それは世界大戦と呼べるものではなかった。石原によれば、「戦争の絶滅」に至る前に世界大戦は必至だという。来るべき大戦は、飛行機による殲滅戦争となる。そもそも戦争は、消耗戦争と殲滅戦争の二つに分けられる。先の時代区分にしたがえば、フリードリヒ大王の時代は消耗戦争であり、ナポレオン、モルトケ、シュリーフェンの時代は殲滅戦争だった。そして、欧州大戦は消耗戦争となった。しかし、次の大戦は殲滅戦争となり、それは三つの条件によって発生する。

一、日本カ完全ニ東洋文明ノ中心タル位置ヲ占ムルコト
二、米国カ完全ニ西洋文明ノ中心タル位置ヲ占ムルコト
三、飛行機カ無着陸ニテ世界ヲ一周シ得ルコト

日本が東洋の、米国が西洋の代表となり、飛行機が世界を縦横に駆けめぐるようになる時、日米の一大決戦が起きる、それが「人類最後ノ大戦争」だ。

では、そのためにはいかなる準備が必要か。参謀旅行の三日目、ハルビンへと向かう列車の中で明らかにされる。のこされた資料の冒頭には、以下の言葉が記されている。「満蒙問題ノ解決ハ日本ノ活クル唯一ノ途ナリ」（「国運転回ノ根本国策タル満蒙問題解決案」）。解決とは「満蒙ノ政権ヲ我手に収ム」ことである。つまるところ、満蒙を領有することにより、人類最後の大戦争に備えることがで

きる、というのである。

そのような満蒙問題解決案は「多数支那民衆ノ為メニモ最モ喜フヘキコトナリ即チ正義ノ為メ日本カ進テ断行スヘキモノナリ」となる。それは、かの地が相次ぐ動乱にあり、日本の満蒙領有によって、支那（中国）に住む四億の民衆に、経済上の新たな生命を吹き込むことができるからだ。その前提として「歴史的関係等ヨリ観察スルモ満蒙ハ漢民族ヨリモ寧ロ日本民族ニ属スヘキモノ」という理由があげられる。

参謀旅行の八日目、満洲里では、さらに一歩進めて具体的な「関東軍満蒙領有計画」が示される。石原の講義によって、関東軍がすすむべき方向が決まった。二日目の長春で、板垣と石原は兵要地誌主任幕僚の佐久間亮三に、「満蒙占領地統治」の研究を命じている。満蒙をいかに統治すべきか、その計画立案だ。

一年を経た翌年一九三〇（昭和五）年九月、佐久間は「満蒙ニ於ケル占領地統治ニ関スル研究」を報告する。それは、欧米諸国の植民地統治を参考とし、あわせて、満洲の政治、経済、地誌の調査に基づいて作成されたものだ。報告内容は多岐にわたるが、その後の満洲国建国の素案となったと考えられる事項をあげると、まず武官統治がある。「行政系統ハ（中略）武官ヲ以テ充ツルコト」。軍人が満洲を治めるのである。さらに、「占領地ノ資源及財源ヲ我帝国ノ為メ最大限ニ利用スル」と書かれている。満蒙の資源は日本が占有するのだ。

占領地の人民に対しては「之ヲ我統治下ニ抱擁シ生命財産ニ対シ充分ナル保障ヲ与ヘテ安住セシムルヲ本旨トスル」、しかし「我ニ敵意ヲ有シ我政治下ニ入ルヲ肯《がえん》セラルモノニ対シテハ此限リニアラス」(「満蒙ニ於ケル占領地統治ニ関スル研究ノ抜粋」)。

満洲国においては、抵抗する匪賊に対して、苛烈な掃討作戦が展開された。その端緒は、佐久間報告でも読み取ることができる。佐久間が報告書を提出する前の一九三〇(昭和五)年三月に石原は、満鉄調査課で講演をしている。その折の資料の冒頭でも、「日米戦争ハ必至ノ運命ナリ」と記されている。米国との戦いは、まずは持久戦争となり、次いで決戦戦争が起こる(「昭和五年三月一日講話要領」)。

同年五月におこなわれた参謀本部第一部長・畑俊六統裁の演習旅行でも、「平和ナキ支那ヲ救フハ日本ノ使命ニシテ同時ニ日本自ラヲ救フ唯一ノ途ナリ」とし、「之カ為ニハ米国ノ妨害ヲ排除スル必要ニ迫ラルヘシ」という。この「軍事上ヨリ観タル日米戦争」の講義の結論は、以下だ。

即チ日本ハ先ツ近ク行ハルヘキ日米持久戦争ニヨリ国内ヲ統一シテ国運ノ基礎ヲ固メ次テ行ハル決戦々争ニヨリ世界統一ノ大業ヲ完成ス

石原の見立てによれば、対米戦は必至だ。そのためには満蒙の領有が必要であり、特にその資源が必須と説く。その先に世界統一を置くのである。これが『世界最終戦論』(昭和十五年)となる。

石原莞爾については、その戦争史観や最終戦論の背後にある宗教(法華経や日蓮)、さらに、満洲事変後の思想の変化を検証した研究も少なくない。石原は日蓮主義を主張した田中智学の影響を受けており、一九二〇(大正九)年に田中が設立した国柱会に入会している。日蓮の教えを、宗教の領域にとどめず、政治思想にまで高めた日蓮主義は、昭和前期に多くの人の心をとらえたが、石原もそのうちの一人だった。

日蓮主義にたった石原の思想については他の研究に譲るとして、事変を策謀した戦略家という点に限定してみると、米国との戦いを想定しながら、米国に対する分析が多くなされていない点が奇異に映る。

一九三六（昭和十一）年六月に作成された「対米戦争計画大綱」というメモがあるが、そこでは、1「「フイリツピン」「ガム」ヲ我領土トス　止ムヲ得サレハ「フイリツピン」ヲ独立セシム」、2「成シ得レハ「ハワイ」ヲ我領土トスルカ或ハ之カ防備ヲ撤去セシム」とし、来るべき大戦においては、「米国ノミヲ敵トスルコトニ努ム」といったぐらいで、仮想敵国たる米国の具体的な経済力や軍事力については触れられていないのだ。

この人類最後の大戦争を想定した上での満蒙の領有という着想は、関東軍着任前から石原の中にあったものだ。最終戦争論は、ドイツからの帰路に寄ったハルビンで、国柱会の会員に対しておこなわれたのが最初だという。その後、陸軍大学校教官の折に、陸大三年生に対して講義がなされている（藤村安芸子『石原莞爾 愛と最終戦争』）。

「世界最終戦論」の構想が、資料としてのこっている最初のものは、一九二七（昭和二）年十二月に伊豆の伊東で起草されたメモである。「現在及将来ニ於ケル日本ノ国防」というタイトルのこのメモは、昭和三年度の陸軍大学校二年生向けの講義のために書かれたものだ。そこでも、先の「戦争史大観」で示された戦争必要悪論が開陳された後に、以下の文が続く。

憐ムヘキ不完全ナル人類ハ重大ナル革新ノ前ニハ之ニ相当スル犠牲ヲ必要トセリ　戦争ハ文明ヲ破壊シツヽモ而モ新文明ノ母タリシナリ

戦争は新たな文明を生み出すもの、というのである。石原はその歴史を欧州の例で説明する。英国はスペイン、オランダを圧して世界の覇者となった。ついで、ナポレオンとの闘争を経て、その地位を確立し、その後、ドイツが新興プロイセンと老齢オーストリアにかわってその盟主となった。だが、ドイツ帝国は英仏を敵として戦争を起こし、大戦終結後に、西洋文明の中心は米国に移る。この講義メモの後段において日蓮についても触れられている。

「世界人類ノ文明ハ最後ノ統一ヲ得テ初メテ人類共通ノ理想タル黄金世界建設ノ第一歩ヲ踏ムニ至ラン」とする。日蓮は『撰時抄《せんじしょう》』において、「前代未聞ノ大闘諍一閻浮提ニ起ルヘシ」と説いた。闘諍《とうじょう》は戦争、一閻浮提《いちえんぶだい》は世界と言い換えることができるだろう。日蓮は、世界平和の条件たる「人類信仰信念ノ統一」が実現する際に、先んじて、前代未聞の大戦争が全世界で起こる、と予言した。それが石原の根本にある。そして、その思想に関東軍参謀、特に板垣征四郎は帰依し、この構想が対米戦争への道を切り開いた。

石原は満蒙領有を企図したが、しかしその統治は強固なものではなく、その地に暮らす人々の自立性に委ねるとした。その後石原は、支那事変（日中戦争）における戦闘の拡大に反対し、東條英機とも対立することとなる。戦後は一転して戦争放棄を主張する。石原莞爾の時間軸の長い思考を語る本は多い。鶴見俊輔も『戦時期日本の精神史』で、石原を「独断癖」がありつつも、「先見の明」のあった人物と記していた。

佐高信『石原莞爾 その虚飾』の最終章のタイトルは「放火犯の消化作業」だ。そもそも日本を対米戦争という火事場に追いやったのは石原自身ではなかったか。中国における事変の拡大への抵抗、東條との反目、さらに、戦後の平和主義をもって先覚者・石原を説くのはおかしい。それは、放火犯が火消しに邁進したに過ぎない。

思想家・石原莞爾の評価は、読者にお任せすることとして、ここで指摘しておきたいのは、最終戦の敵手であるところの米国という存在の具体性のなさだ。陸軍にとって米国は仮想敵でなかったので、具体性がないのは当然と言えば当然のことなのかもしれないが。

サーベルよりもソロバン

では水野廣徳は、対米戦をどのようにとらえていたのか。石原が関東軍に作戦参謀として着任した一九二八年から五年ほど時計の針をまきもどす。すでに水野はその七年前(一九二一(大正十)年)に海軍からはなれていた。自伝の言葉を使うと、剣と別れていたのである(『剣を解くまで』)。軍事評論家として独立し、当時、論壇の主要誌であった「中央公論」を舞台に健筆をふるっていた。水野が退役した年の十一月から翌年二月にかけてワシントンでは軍縮会議が開かれていた。そのことは先述した。水野が軍事評論家として独り立ちした時期は、ちょうど軍縮の時代のはじまりだった。

水野が明確に「日米非戦論」を打ちだしたのは一九二三(大正十二)年六月号の「中央公論」に発

表した「新国防方針の解剖」においてだ。松下芳男が述べるところ、それは本人にとって「一生を通じての会心の大論文」であり、米国の新聞にも訳載されたという。ではなぜ、アメリカと戦争をしてはならないのか。しばし水野の言葉に耳をかたむけてみよう。

一九二三（大正十二）年二月に帝国国防方針が改定された。それが「新国防方針」だ。帝国国防方針は、日露戦後の一九〇七年に出されたものが第一次となる。そこでは、満洲と朝鮮の利権に挑戦するものの排除がうたわれていた。仮想敵国はいまなおロシアだった。第一次世界大戦後の一九一八（大正七）年の改定を経て、再び一九二三（大正十二）年に再度の改定がなされたのだ。

東京日日新聞は「愈々《いよいよ》確定せる新国防方針」という記事を掲載し、以下のように報じた。「帝国が某仮想敵国と交戦状態に入り、更に帝国が封鎖を受けたる場合には食糧及び作戦資材を隣邦に需《もと》める必要あり」。「某仮想敵国」とは言うまでもなく米国である。

日清戦後から日露戦争まで日本の仮想敵国はロシアだった。しかし、ロシア海軍の軍事力の低下と米国海軍の拡大により、陸軍は変わらずロシアだが、海軍は米国、と分かれることとなる。しかし、ロシア革命により、陸軍はその仮想敵を失う。水野によれば、一九二三（大正十二）年の帝国国防方針の改定は、陸海軍の仮想敵を再び統一するためのものだったという。では、記事にある「隣邦」とはどこか。当然それは、中国となる。

「日米開戦せば」という仮説に対する水野の答えもまた、石原莞爾と同様に、西太平洋の攻略が重点となる。フィリピンを制圧し、東シナ海の制海権を握ることが想定される。米国は米西戦争でフィリピンを植民地とし、軍事拠点をおいていたからだ。

水野はまず日米の作戦資材を詳細に比較する。戦争にとって最も重要なものは鉄だ。戦時に百万の兵を動かすためには一年で三百万トンの鉄が必要となる。しかし、満洲、朝鮮をふくむ日本の生産額は百二十万トンに過ぎない。一九二一（大正十）年の消費量は二百万トンだ。その差をうめる輸入分は、米国が六割、欧州が二割となる。開戦となれば、その輸入が止まる。鉄の輸入の途絶は、日本の産業界にも大きな打撃をあたえる。

では石油はどうか。日本の石油生産額は三十三万トン、重油は五万トンだ。当時の戦艦・陸奥の全速力一昼夜の消費量が一千トンにのぼる。日本の生産量だけで全艦船を動かした場合、一か月ももたない計算となる。

水野の論は作戦資材にとどまらない。日本の対米輸出の最大の商品は絹製品だ。アメリカが禁輸すれば、日本の輸出貿易の七割が止まる。

貿易の途絶を一つひとつ検証した後の水野の結論を一言で言うと、「サーベルよりもソロバン」ということとなる。曰く、「日米戦争は武力の戦争にあらずして金力の競争である。即ち日米戦争開始の鍵を握れるものは海陸軍の兵力にあらずして国家の経済力でなければならぬ」。

水野は仮に中国を武力制圧した場合の中国がとる行動を予測する。日本と組む可能性は極めて低い。「仮令《たとい》戦時と雖ども武力を以て中立国の資材を強奪することは、世界を挙つて敵とするの決心なきに限り為し能はざる処、為すべからざる処である」という結論を語る。つまり、第一次世界大戦時に、ドイツがベルギーの中立をやぶって進攻し、国際社会を敵に回した結果の再現となると言う。

満洲との間の日満同盟については、「剃刀の刃を渡るが如き軽業的芝居の筋書」と一刀両断だ。なぜなら、中国の領土保全は日本が公約したものだからだ。ワシントン会議の九か国条約では、中国の門戸開放、機会均等が決められている。

水野の筆は、改めて日米の戦力に向かう。そもそも、第一次世界大戦以降の軍事戦略では、陸軍を削減し、航空機を整備せねばならない。そうしなければ、東京と大阪は爆撃にあう。

単なる軍事的見地にのみ立脚せる軍人のみに依つて決定せられたる国防方針に対しては、吾人国民は信頼することが出来ない。現代の国防方針は経済、産業、政治、教育等の諸問題と、国民の意思とを斟酌《しんしゃく》考慮して決定せられねばならぬものである。国防は国家の為めの国防であつて、軍人の為めの国防ではない。極端に言へば軍人なるものは与へられたる国防方針に従ひ、作戦用兵等に関する戦争技師の職務を尽せば宜いのである。之を以て国防方針を決定するには各方面の専門知識を交へたる国防会議的な機関設置の必要を生ずる。素より国防問題に対し軍人を排斥せよと云ふのではない。軍人の意見の尊重せらるべきは勿論であるが、唯軍人の専決を不可とするのである。

さらに、以下のように続ける。

国民は自己の生活と、国家の存亡とに絶大至重の関係を有する国防の決定権をば、軍人の手より国民の手に取り返へすことに力《つと》めねばならぬと信ずる。

つまり、国防を軍人にまかせてはならない、国民の手に取りもどせ、というのである。国民主権による国防という考えである。

移民法と海軍大演習

現在の視点から眺めると、日蓮の説く「前代未聞ノ大闘諍」による「世界最終戦」を構想した石原よりも、サーベル（軍事力）よりもソロバン（経済力）を主張した水野の考えのほうが、はるかに真っ当なものに見える。だが、軍部もまた当時の人々もそうは考えなかった。明治憲法下で統帥権がひとり歩きをしていく状況のなか、「国防の決定権を国民の手に」という主張は受け入れられなかったし、反軍的と見なされる危険性を帯びていた。

そもそも石原と水野はなぜ日米戦争を想定したのか。水野の日米未来戦記の話をする前に、しばし時間を頂戴し、当時の対米認識についても確認しておいたほうが良いだろう。

近世から近代にかけて日本人はロシアを恐れる感情、つまり「恐露病」を患っていた。日露戦争の勝利で、その病は幾分いやされたが、別の病に冒されることとなる。一等国となったという誇り、悪く言えば倨傲を抱くようになった。そのプライドを著しく傷つけたのが、米国だった。米国西部における排日問題である。

黒船来航以来、日本人は米国に畏敬の念を抱くと同様に、恐れる気持ちももっていた。いまだ独立王国であったハワイから提案されたカイウラニ王女と山階宮定麿王との縁談話を明治天皇が断った背後にも、そのよう感情があった。ハワイではその後、王政が共和制となったことを機に、米国が属領化する。

ハワイの独立を奪った十九世紀末、米国はその後の太平洋国家へ至る布石を打つ。米西戦争ではフィリピンを植民地化し、パナマ運河を租借する。もともとスペイン領であったパナマは共和国として独立し、それに乗じて運河の権利を獲得したのである。

パナマ運河は、十九紀末にフランスによって構想され、工事がはじまったが一旦頓挫した。米国により実現をみたのは、第一次世界大戦下の一九一四年だった。運河の開通により、大西洋と太平洋は南米南端のホーン岬を迂回することなく、つながることとなった。米国は、大西洋にある軍艦を太平洋へ回航させる際、時間を大幅に短縮することができるようになった。かつて大西洋がイギリスの海であったように、米国は太平洋を自らの掌中におさめようとしている。そのように考えた日本人は少なくなかった。

オーソン・ウェルズが監督と主演をつとめた「市民ケーン」(一九四一年)は、米国の新聞王ウィリアム・ランドルフ・ハーストがモデルだ。新聞経営で成功したケーンが、米西戦争は自らの記事によって起こり、そして米国はそのことによってパナマ運河を獲得した、と述べるシーンがある。ハーストが所有する新聞の報道によって、民意が動いたのである。

太平洋の対岸で日本はその様子を眺めていた。米国はモッブの国であり、世論《せろん》は新聞によってつくられる。そもそも共和制とは、有象無象の大衆《モッブ》によって成り立っているのではないか。事の正否は別にして、一部の日本人の眼にはそのように見えた。

むろん、建国からはじまるアメリカの理念に憧れを抱き、さらに、その巨大な経済力を仰ぎ見る人々も少なくなかったが、それらの声は、「米国なにするものぞ」という声に圧倒されていくのだ。日本の新聞と世論は対岸の景色を眺め、反米感情を高めていく。水野の言葉を使えば、双方のメディアが「日米反目の煽風機」の役割を果たした。

その「日米反目の煽風機」の背後に米国における排日問題があった。その歴史も振り返っておくことにしよう。

一八六九（明治二）年に会津若松から米国西海岸に渡った若松入植団を先駆けとし、日本人はハワイのみならず、米国にも多数入植していった。一八九八年の米国のハワイ併合によって砂糖農園ではたらく日本人労働者が米国本土にわたり、二十世紀になると、西部における日本人の存在が、先住の米国人（白人）の警戒心を刺激することとなる。排日の潮目は、日露戦争だった。

山梨県の農家で生まれ、十八歳で米国に渡ったニスケ・ミツモリは、旅順での勝利が、アメリカの人々に恐怖心をもたらしたと回顧している。彼がサンフランシスコに到着したのは、旅順陥落の数か月後の一九〇五年の春だった。「最初の印象」を以下のようにつづる。

日本人宿の人が一頭立ての馬車で港に迎えに来てくれました。港にはやくざの一味がいて、日本人が着いたと聞くと、乱暴したのです。今で言えば、十代の過激派のようなものですが。十五人から二十人ぐらいの若い連中が「それ行け。ジャップが来たぞ」とわめくのです。私たちは乱暴されないように、宿に急ぎましたが、途中で「ジャップ野郎」とか「くそ野郎」とか、さんざんひどい言葉を浴びせられました。馬糞を拾って投げつけてくる者もいました。私は馬糞の洗礼を受けました。

（アイリーン・スナダ・サラソーン『The 一世　パイオニアの肖像』）

そのサンフランシスコでは、一九〇六年に日本人を公立学校から締め出す措置がとられた。その後もカリフォルニアにおける日本人排斥は続き、一九一三年に日本人の土地所有が、一九二〇年には借地も禁止されることとなる。そして、一九二四年に排日条項をふくんだ移民法が成立する。在米日本人の男性が、「写真花嫁」で日本から女性を呼び寄せることに対する反感も大きくわざわいした。

そこには、黄色人種が増加し災厄をもたらすとする「黄禍論」も影響していた。水野の言葉を使えば、米国において「恐日病者」と「憎日患者」が増えることとなったのだ。むろん、二章で引いたアナトール・フランスの『白き石の上にて』がいみじくも述べた通り、黄禍が起きる前に、白色人種による東洋への植民政策、つまり「西力東漸《せいりきとうぜん》」があった。もとをただせば、「白禍」が黄禍の産みの親だった。

いま私は、「日本人排斥は続き」と書いたが、カリフォルニアにおける日本人排斥が直線的に進んでいったわけではない。連邦政府による介入や、州政府による調整など、その動きを押しとどめる努力もあったが、不幸にも移民法は成立してしまったのである。その間の史実は、蓑原敏洋『アメリカの排日運動と日米関係』に詳しい。くわえて、日系人の努力もあった。先のミツモリはアメリカに奉仕すべく、第一次世界大戦で志願して欧州戦線で戦っている。

だが当時の日本人の眼から見れば、米国の排日は、一等国を自負する日本人の顔に泥を塗る行為であり、「売られた喧嘩」だったのだ（橋川文三『黄禍物語』）。

そのような「排日」の下地の上に、米海軍による影響力の拡大が追い打ちをかける。太平洋での海軍大演習の実施が明らかになったのは移民法が成立した年のことだった。

一九二一年から翌年に開かれたワシントン会議で日本は、英米に対して六割とする軍艦制限を受け入れたこと、それを進めたのが日露戦争の聯合艦隊参謀長だった加藤友三郎だったことは先に書いた。同年、米国は、毎年三カ月にわたり海軍演習を実施することを発表する。

演習の第一回は太平洋岸でパナマ攻防演習が展開された。運河により米国は軍事だけでなく、貿易においても巨大な権益を得ることとなり、パナマ防衛は、米国の死活に関わるものとなっていた。第一回のパナマ攻防演習の翌年一九二四年にも、大西洋岸でパナマ攻防演習が実施された。そしてその年に移民法が成立することとなり、ハワイでの大規模演習が発表されたのだ。

ハワイにおける海軍演習は、第一回と第二回のパナマでの演習に比べて規模を拡大し、さらに、豪州をも巻き込んだものとなった。北米のパナマ、太平洋の中央に位置するハワイ、さらに、豪州が米国海軍によって結ばれる。百二十七隻の艦船がハワイに集結した。それはあたかも「戦時」の装いだったと新聞は報じている（一九二五年四月十七日東京朝日朝刊）。

前後して、イギリスもシンガポール軍港を拡大する計画を発表する。どちらも日本を仮想敵としたものだ。ワシントン条約での艦船保有は、英米に対して日本は六だ。英国とアメリカが連合すれば二十となり、到底勝ち目はない。米海軍の大演習は、日本の抗議、また、米国内の反対がありながらも挙行される。

当時の米国の挙措は、日本人にとって、日露戦争前のロシアの動きに重なるものだった。つまり、サンフランシスコからハワイ、フィリピンへと至る海路がシベリア鉄道であり、ハワイが旅順と言える。米海軍が集中した真珠湾は、旅順同様に入り組んだ入江を抱いていた。ハワイは日本の喉元につきたてられた匕首《あいくち》、そのように感じた日本人は少なからずいた。

移民法の成立に沸騰した世論は、さらに熱度を上げ、「すわ戦争」との声をあげた。猪瀬直樹『黒船の世紀〈外圧〉と〈世論〉の日米開戦秘史』は、水野廣徳の書をふくめた日米未来戦記で描く日米関係史だ。同書によると、当時、五百点以上の日米未来戦記が出版され、ベストセラーになったものも少なくなかったという。

水野廣徳は、一九二五（大正十四）年二月号の「中央公論」にこの米国による太平洋海軍大演習について論考を発表する。当時の世論が理解できるので、その冒頭を引く。

> 日米両国民の間に問題となりたる米国海軍大演習も遂に愈実施せらるゝことゝなり、其の第一期演習は既に一月上旬より開始されて居る。演習区域は布哇《ハワイ》を中心として壕洲、新西蘭に至る南太平洋の全面に跨がり、演習期限は六ヶ月の長期に亘り、大小百数十万噸を算する米国海軍の殆んど全艦隊が之に参加して居る。区域の広きと、期間の長きとは、海軍演習として実に空前の大規模である。
>
> （「米国海軍の太平洋大演習を中心として（日米両国民に告ぐ）」『水野廣徳著作集』第五巻）

演習は実戦の下稽古と見られた。しかし水野は、このような米国の挙動を、冷静に見るべきだと説く。そもそも、米国が太平洋上で演習をおこなうことは、米国の自由である。同時に、米国の「世界平和協会」などが演習に反対している事実をあげて、米国における穏当な世論にも触れるのだ。他方、排日移民法、さらに大演習によって米国を蛇蝎《だかつ》のように嫌う日本の世論をもいさめる。水野は白人対黄色人種という対立について以下のように語る。

我等は素より英国の桎梏の下に在る印度人に同情する。米国の支配下に在る非律賓人に人情する。有色人種と云ふ血の関係を離れて純なる人道の上より言ふも、印度人や非律賓人や其他白人治下に呻吟せる有色人種が一日も速に独立自由の民とならんことを望むものである。併しながら同時に我等は日本人の治下に台湾人や朝鮮人のあることを忘れてはならぬ。不完全ながら自治の政治を有せる印度人や非律賓人を羨む民族のあることを記憶せねばならぬ。米国人が非律賓を占領しながら朝鮮の独立を煽動する米国宣教師を不埒とするならば、日本が朝鮮を掌握しながら印度非律賓の独立運動を尻押する所謂日本の国士なるものも亦英米人より見れば不埒であるに相違ない。

台湾や朝鮮を植民地としている日本が、英国や米国を批判するのは筋が通らない。至極まっとうな意見だ。日本の人口激増による他国への移住に対する見解も、これまた至極真っ当だ。他国は日本人移民に、「勝手に産み散らして置きながら養へぬからとて他国に送り出すことは不合理である」との批判をなげかけている。その意見は「冷酷であるが道理である」とする。さらに、米国の日本人移民についても、以下のように述べるのだ。「人相の悪《あし》き怪しき人間が沢山の子供を連れて店前に立つ時、菓子屋の主人は疑を抱かずには居られぬであらう」。これもまた冷酷な言い方となるが、道理でもあろう。ついで、両国民に自制を求める。

両国民は互に他を正視することが出来なくなつたのである。されば日米の不和を除く為めには先づ太平洋の此の色硝子の壁を取り去らねばならぬのである。即ち日本は侵略に燃ゆる乱暴者ではなく、米国は貪婪《どんらん》飽くなき剛慾者でないことを互に覚り知らねばならぬのである。

「色硝子の壁」をつくった要因のひとつは、両国において勃興する新聞であり、世論ということとなろう。引用が長くなったが、水野の結論を引く。

抑《そもそ》も演習は末である。軍備は本である。軍備ある以上演習は付物である。軍備無ければ演習は無い。演習を非難し、演習を心配する国民は、演習を非難する声を以て軍備の縮小撤廃を叫べ、演習を心配する心を戦争を恐れ。《ママ》資本化し、経済化したる現代の対外軍備は、貧乏国の堪へ得る処でないことも覚れ。そこに日本の生くる道が開けるであらう。

水野の説く「日本の生くる道」と石原が構想した「日本の活くる途」はまったく異なるものとなっ

た。前者は日米非戦論であり、石原は世界最終戦論だったのである。

深まりゆく日米の危機

では、水野が満洲事変後に空想した景色とはいかなるものであったのか。彼は二つの日米未来戦記を書いている。ひとつは『次の一戦』であり、もうひとつが『興亡の此一戦』だ。前者は、一九一四（大正三）年に出版されている。まず『次の一戦』をひもといてみよう。それは、欧州で思想の大転換をとげる前のことだ。だが、その戦いは日本の全面的敗北で終わる。

想像の日米開戦は、日本近海で米国の戦艦が原因不明で沈没することにはじまる。米国の世論はわきたち、激昂した民衆が日本大使館を襲撃し国交断絶に至る。ただちに、日本海軍軍令部は佐世保鎮守府にいる聯合艦隊司令長官と台湾馬公（澎湖島）の分遣艦隊司令官に指示をだす。それは、フィリピン制圧に向かう陸軍の援護とフィリピン方面の敵艦隊の撃滅だ。

米国艦隊は二つに分かれる。ひとつが最新鋭の戦艦を有する第一艦隊だ。もうひとつが既存の戦艦からなる第二艦隊である。第一艦隊の総排水量は四百八十万トン、第二艦隊は七百九十万トンだ。対する聯合艦隊は約五百十万トン。総排水量では差は歴然としているが、敵は二手に分かれてくると予想される。第一艦隊はフィリピンへ、第二艦隊はハワイへ進撃するとの想定だ。

聯合艦隊の最初の任務は、陸軍のマニラ攻略作戦を助けて、第一艦隊を撃破することにあった。それはまさに、日露戦争の再現に読める。第一艦隊がロシアの太平洋艦隊、第二艦隊がバルチック艦隊、そしてマニラが旅順となる。

陸軍は苦戦しつつも、マニラを攻略、海軍は米第一艦隊と二時間の激闘の末に、勝利をおさめる。だが、聯合艦隊も甚大な被害をこうむり、三分の二が損傷する。結果、聯合艦隊ののこる三分の一の艦船も、米第二艦隊によって全滅される。それが結末である。『次の一戦』における水野の主張は、来るべき米国との戦いに向けた海軍の強化にあった。

次の日米未来戦記『興亡の此一戦』は、一九三二（昭和七）年十月に出版された。欧州行の後のことだ。そこでは、日米非戦が強く打ち出されている。

その話をする前に、匝瑳胤次《そうさたねじ》について触れておかねばならないだろう。日露戦争の旅順閉塞作戦で三河丸を駆ってその船を爆沈させ、水野の水雷艇に助けられたあの匝瑳胤次である。

匝瑳胤次は少将まで昇進した。ワシントン会議後に予備役となる。匝瑳による日米関係の書『深まりゆく日米の危機』は、退役十年後に出版されている。時は満洲国建国直後の一九三二（昭和七）年三月、時宜を得た出版ゆえに、またたくまに版を重ねた。同書の趣旨は、その序文に端的にあらわれている。

パナマ運河の開鑿《かいさく》は米国の海運界に一大革命を齎《もたら》し、東洋進出の一大條件を成すに至つた。爾来、米国は一方にモンロー主義の大旆《たいはい》を翳《かざ》し、他方平和の假面を覆ふて機會均等、門戸開放を東亜の天地に強いんとする。而も我国の目ざましき進展を嫉視《とし》した米国は日本人移民の禁止、華府會議、九ヶ国條約、累次の軍縮會議等々に於て其の露骨なる挑戦振りを發揮し、政治的怪腕の限りを盡くして皇国の孤立を計り、東洋進出の野望を擅《せん》にせんとした。日は伸びんとし、米は出でんとする運動に依つて、問題は自ら複雑化し、抗争は、必然的に最後的場面にまで推し進められんとしてゐる。

（『深まりゆく日米の危機』）

序に続く第一章「日米抗争の史実」は、第一節「パナマ運河の開鑿」からはじまる。同書は日米関係悪化の主たる原因をまずパナマ運河に置く。匝瑳が説く対立の原因は以下の三点に要約できるだろう。

ひとつがパナマ運河開削からはじまる大西洋から太平洋への権益拡大だ。米国は十九世紀前半、欧州へ向けてモンロー主義を宣言した。モンロー主義とは対外的な相互不干渉である。しかし、太平洋では他国に干渉する帝国主義的政策をとっている。フィリピン、ハワイの領有しかりだ。

二つ目は、満洲における権益獲得だ。その淵源は、日露戦争後の鉄道王ハリマンによる東清鉄道南部支線（後の満鉄）の共同経営提案にある。ハリマンの構想は、南部支線の権益を得た後、東清鉄道を買収し、それをシベリア鉄道につなげて、自身のもつ太平洋航路と連絡し、世界一周の交通網を手にいれることにあった。

だが、井上馨らが一旦了承したその共同経営案は小村寿太郎によって拒否される。それが日米反目の原因のひとつとする。「平和の假面を覆ふて機會均等、門戸開放を東亜の天地に強いんとする」というのが上記二つの意味するところである。もうひとつが、排日問題だ。排日問題はすでに述べたので、ここでは繰り返さない。

同書の第四章「深まりゆく日米の危機」が今後の日米関係の考察だ。そこでは、米国の国力と日米の海軍力の比較に多くの紙幅が費やされている。しかし、「国力の比較が戦争の勝敗に影響を及ぼすことを考へる必要はない」と断言する。そもそも、米国は門戸開放、機会均等の仮面をかぶって、中国の地に「モンロー主義」を確立しようとしている。「世界平和」「人類擁護」「国際親善」といった耳触りのよい言葉にだまされてはならない。

日本の「一部には米国の国富に眩惑して戦争不可能を説く恐米論者がいる」。このあたりは、多分に水野廣徳を意識しているのではなかろうか。その主張は「深まりゆく日米の危機」を前にして軍備の拡大につとめろ、というものだ。それこそが、戦争の災禍を減らす実効的方法であり、戦争の保険となる、というのである。「武装平和」こそが、戦争を避ける唯一の道だ。

水野廣徳は『深まりゆく日米の危機』の後に出版した『興亡の此一戦』で、匝瑳胤次を「S海軍少将」と称し、反論をくわえている。この書は「反米の気が紛々として全巻至るところに漲って居る」、それもまた「日米反目の煽風機」の役割を果たしており、これでは「深めゆく日米の危機」と言えるのではないか。

「旅順」体験者の二人は、異なる対米観をもった。二人の袂を分かつ要因は、第一次世界大戦の欧州体験にあった。さらに、ロンドンでの空襲経験が、『興亡の此一戦』には色濃くにじみ出ている。そのことはこれから見ていくこととする。

他方、匝瑳胤次は、ワシントン条約で予備役となっている。軍縮によって、多くの軍人が人員整理の対象となった。軍縮の時代の軍人の悲哀と世間からの冷遇が、その後の思考に影響を与えたことは、多くの書で語られているところである。

いずれにしても、当時の日本人にとって、満洲事変、上海事変そして満洲国建国の先に、日米の危機が想定されていた。そして、少なからぬ人々が、匝瑳の論の方に心を動かされていったのである。

満洲事変の先

では次に『興亡の此一戦』を見てみよう。その上梓は『深まりゆく日米の危機』の半年後のことだ。事変による日米関係の悪化が色濃くにじみでている。先に述べた通り、これは空想小説だ。しかし、見事にその後の歴史を予言している。筋を追ってゆこう。

国際連盟は満洲国の承認を否決し、日本は満洲国を承認した。戦争はまず空軍力を強化した中華民国との間ではじまった。中国は満洲討伐軍司令部を北平（北京）に置き、十万の新鋭軍と五百機の戦闘機を準備した。中国陸軍は山海関をこえ、中国空軍は旅順と大連を攻撃する。日本は、中華民国を支持する米国とも断交し、中国と米国の二正面と戦火をまじえることとなる。

米国はパナマ運河を通じて大西洋艦隊を太平洋に移動させ、運河、太平洋岸、ハワイに戒厳令を布告する。日本はパナマ運河の爆破を検討するが断念、代わりに「太平洋第一作戦」と称して、空母と戦闘機からなる部隊を編成し、サンフランシスコ攻撃に向かうのだ。

帰路、米国艦隊の追撃を受けることとなるが、飛行機二機が、「行き切り」飛行によって米戦艦を攻撃し、部隊は虎口の難を脱する。行き切り飛行とは、まさに、その後の「特攻」を予言した言葉だ。『興亡の此一戦』でも、フィリピンが攻撃目標となる。フィリピン攻略のために特別旅団が編制され、そのために太平洋の島に飛行機の発着所を建設する。

この作品は満洲国が国際連盟で議論されていた折に出版されている。ゆえに、満洲国の価値も検討される。水野は、満洲国の理念を否定する。それは「単純な若い軍人の頭に描いた、搾取なき理想国の建設！　お伽噺の夢の国」と容赦ない。そもそも、満洲は食うに値するものではない。「満洲は直ぐ食へる熟柿ではなく、食ふ為には手数と時とを要する渋柿である」。満洲を食するには手間暇がかかりすぎると言うのである。

戦争は膠着状況となる。経済封鎖により国民生活が悪化し、社会には厭戦気分がみなぎる。非戦論者は世論をあおる。軍は乾坤一擲の戦いに挑まざるをえなくなる。それがハワイ攻撃だ。

他方米軍は東京爆撃を準備する。日本は、米軍による空爆が起こった際は、焼夷弾とガス弾が使われると想定、ハワイの日系人スパイ・チャーリーは、ハワイの米軍基地で東京空爆計画を知り、それを日本に知らせようとするのだが……

日本の木造家屋を焼き尽くすために開発された焼夷弾は、日本各地に投下され、一九四五（昭和二十）年三月十日には、東京の隅田川東岸に集中投下がなされた。ガス弾は使われることはなかったが、それよりも殺傷力の高い原子爆弾が、広島と長崎に落とされた。水野の未来戦記は現実のものとなったのである。

石原の予言もあたった。「前代未聞ノ大闘諍《だいとうじょう》（大戦争）」が「一閻浮提《いちえんぶだい》（世界）」に起こり、日米戦争となった。だがその後、石原が夢想したような絶対的平和も世界の統一も実現することはなかった。

第九章　旅順にまつられた皇祖神

「関東神宮」石原佐中『関東神宮』1987 年

「聖地旅順」の完成は一九四四（昭和十九）年十月一日のことだった。その日に、関東神宮の鎮座祭がおこなわれたのである。新市街の北の山並みに建てられた関東神宮は官幣大社だ。

神社の社格は、神社が国家の宗祀《そうし》と定義された明治初年に、五つに分けられた。官社（官弊社、国弊社）、府県社、郷社、村社及び無格社である。官社の社格が最も高い。うち官幣社は、神祇官《しんぎかん》によって祭祀がなされ、奉納される幣帛《へいはく》は皇室から提供される。国弊社は、地方官たる国司によって奉斎される点が官弊社と異なる。よって、官弊大社は最高位の社格と言えるだろう。

外地に建てられた官幣大社は、台湾神社、樺太神社、朝鮮神宮、さらにパラオ諸島コロール島の南洋神社などがある。外地の官幣大社は一地域一社、関東神宮は関東州を代表する神社として創建されたのだ。

関東神宮の祭神は天照大神と明治天皇だ。ひらたく言えば、伊勢神宮と明治神宮を足して二で割ったようなもの、地鎮祭を報ずる記事でも「大陸最高の神域」と称されていた（一九三八年七月四日読売新聞朝刊）。

関東神宮の敷地は、既存の大正公園を中心に、まわりの山々をふくめた十六万坪（五十三万平米）。その内苑以外に、運動場やスケート場、馬術場、絵画館からなる十五万坪の外苑も計画された。外苑は、明治神宮同様に、奉賛会と呼ばれる民間団体の寄付によって建設がすすめられた。明治神宮内苑が、鎮守の杜をふくめて七十万平米なので、関東神宮はその三分の二にあたる。かなりの広さであることがお分かりいただけるだろう。

しかし、関東神宮の生命はなんとも短いものとなった。一九四五（昭和二十）年八月十八日に、天照大神、明治天皇の二神の霊代は焼却される。十一月十七日に廃止されるのだ。

では、鎮座から一年もたたずに消滅した関東神宮とは何だったのか。そもそも、大陸の地に、天照大神と明治天皇をまつるとはいかなることを意味するのか。

ただこの問題は、織りなす糸がからまっており、単線的に語ることは難しい。よって、最初に見取り図を示しておくこととする。繰り返しとなるが、ここで明らかにすべきことは、いかなる経緯で、旅順に天照大神と明治天皇の二神をまつった関東神宮が創建されたのか、という問題である。二つの経路からすすむこととする。

ひとつは、国魂神《くにたまのかみ》と皇祖神《こうそしん》という問題だ。国魂神とは、簡単に言うと土地の神様である。一方、皇祖とは天皇の祖先だ。外地に建てられた神社には、国魂神をまつることが慣例とされていた。その前例が破られたのは朝鮮神宮だった。その意味するところは何か。

もうひとつは、旅順の「聖性」の根拠という問題である。それは、これまで幾度か語ってきたように、日露戦争における壮絶な戦闘であり、そこにおける、おびただしい数の死者だった。熾烈を極めた戦いがあったからこそ、関東州は日本の租借地となり、満鉄とそれに付随する利権を得ることとなった。その権益が、その後の大陸政策の礎となった。

したがって、旅順を旅順たらしめたものは、白玉山の納骨祠であり、表忠塔であり、また、二〇三高地の爾霊山記念塔などの戦蹟にあった。しかし、一九四四(昭和十九)年十月一日に創建された関東神宮により、その聖性の具体的な顕現に、皇祖神・天照大神がくわわったのである。

万世一系、現人神の根拠となる皇祖神という問題は、明治初年の明治国家の創建にさかのぼることができる。だが、その極点は一九四〇(昭和十五)年に開催された皇紀二千六百年の祝典となろう。それらの事象は、どのように「大陸最高の神域」関東神宮につながっているのか。

国魂神と皇祖神

関東神宮の起源は一九一六(大正五)年にさかのぼることができる。その年に、旅順の市民から神社設立の要望書が提出されたのだ。その前年に関東州の租借期限が九十九年に延長されたことはすでに述べた。かの地の邦人にとって、子々孫々にわたる永住が可能となったのである。

租借延長を機に、旅順でも産土神《うぶすながみ》がもとめられたことは自然の成行きだった。「日本人のいるところ神社あり」、移住した先で社を建てることは、古来、日本人が培ってきた習慣だったからだ。大連には、日露戦後の一九〇七(明治四十)年に大連神社が創建されていたが、旅順にはいまだ神社がなかったのだ。

その三年後の一九一九(大正八)年に、関東都督府は関東庁に改編され、あわせて、都督府陸軍部は関東軍となった。それは、軍が主導してきた都督府を、関東庁(民政)と関東軍(軍)に分離するという外務省主導の改革だった。この措置は本来、関東州の行政を実質的に民政に移管し、他国に疑念をもたせないための外交的配慮によるものであったが、関東軍が独立することにより、結果的に統帥権独立の御旗のもと、のちの独走を許すこととなる（島田俊彦『関東軍』）。その独走の先に、張作霖爆殺事件（一九二八年）があり、柳条湖事件（一九三一年）があったことは、すでに見てきた通りだ。

その関東庁が誕生した年に、改めて旅順市民から旅順神社の名称で創建計画が提出され、くわえて関東庁からも、官幣大社・満洲神社の計画が申請される。関東庁の設立によって、日本の大陸政策嚆矢の地にも、官幣大社が必要であるという考えが生まれた、ということなのだろう。その前史として、すでに日清戦争後に台湾神社が、日露戦争後に樺太神社が建てられていた。

但し、台湾神社と樺太神社の祭神に天照大神はない。その二つの神社の祭神は開拓三神だ。開拓三神とは、大国魂神《おおくにたまのかみ》、大那牟遅神《おおなむちのかみ》、少名彦神《すくなひこのかみ》であり、それらは言わば国魂神、つまり土地の神様なのである。

開拓三神のさきがけは、札幌神社（現北海道神宮）である。札幌神社の創建の経緯は『第七師団と戦争の時代』で触れたので、ここでは繰り返さないが、外地における国魂神の奉祀が、北海道→台湾→樺太という順序によって建立されていったということは、日本の開拓、殖民政策の発展過程を考える上で、特記に値することだろう。補足すると、台湾と樺太における官幣大社以外の神社の多くは、台湾神社、樺太神社の祭神が分霊され建てられたものだ。

外地の官幣大社に天照大神がまつられるのは、一九二五（大正十四）年に完成した朝鮮神宮が最初となる。外地の神社に国魂神をまつるのか、あるいは皇祖神（天照大神）をまつるのかという選択は、大きな問題を宿している。前者にはその土地を尊重し、鎮護するという意味合いがある。「八百万の神」を拝する日本には、土地の氏神や国魂をまつる神社は各地に存在する。だが、皇祖神をまつるということは、その土地と、天皇を中心とする日本の中核との間に主従の関係が生じる。

その問題を明瞭に浮き上がらせる事例として、当時、朝鮮神宮に天照をまつることに反対した神道人がいたことを記しておきたい。反対の理由は、「朝鮮には朝鮮国土の神を奉斎すべき」というものだった。

その話をする前に、なぜ朝鮮総督府が前例をたがえる案を提示したのか、その問題にも答えておかねばならないだろう。

朝鮮総督・長谷川好道《よしみち》から内務大臣に天照大神を祭神とすることの審議の依頼があったのは、一九一八（大正七）年三月のことだった。同年十一月には、長谷川から総理大臣・寺内正毅に宛てて、二神奉祀の理由書（「朝鮮神社の祭神竝に社格詮定理由」）が提出されている。その中段を引く。

> 天照皇大神は我が国祖にして皇宗にましませば内地人が祖先来崇敬して止まざるのみならず、朝鮮人の今日あるは蓋し我が皇祖天照皇大神の御稜威に出づるものなれば、朝鮮人も亦之を崇敬せざるべからざる理由あり。又明治天皇の聖徳鴻恩に至りては朝鮮全土に洽《あま》ねく一人として恩波に浴せざるもの之れなきこと今更縷述《るじゅつ》する迄もなく最も顕著なる事実なれば朝鮮神社の祭神としては、天照皇大神、明治天皇二柱の神を奉祀するを最も適当のものと認められ候。
>
> （「朝鮮神宮御鎮座前後の記」小笠原省三『海外神社史』上巻）

長谷川好道は二代目総督、初代の寺内正毅と長谷川の時代は、朝鮮統治における「武断政治」の時代だ。武断からの脱却がはかられたのは一九一九年三月一日の三・一運動を契機とし、総督が陸軍の長谷川から、海軍の齋藤實に変わってからだ。三・一運動では、前国王・高宗の死に接して宗教家が独立を宣言、そこから全国的な民族運動に発展した。武断政治にはなによりも「同化」がもとめられた。それが前例をくつがえした理由だった。

天照祭祀反対の急先鋒が小笠原省三だった。小笠原は、雑誌「神道評論」を創刊し、そこで健筆をふるった神道研究者だ。上記の引用も、小笠原が戦後に編んだ『海外神社史』（上巻）による。この所謂「朝鮮神宮御祭神問題」に関する小笠原の主張は、朝鮮神宮は、祭神も建物、調度、装束、音楽及び祭式など様式すべてにわたって、朝鮮の文化にしたがえ、というものだった。その主張が子細に述べられた論文に、「朝鮮神宮を中心とした内鮮融和の一考察」がある。その文章は自身が主宰する「神道評論」に一九二五（大正十四）年七月に発表し、その後冊子として関係先に配布された。

その論考は、一九二三（大正十二）年十二月に開かれた朝鮮人慰霊祭から起筆されている。同年九月一日に発生した関東大震災では、多くの朝鮮人が被災死した。さらに、流言蜚語がとびかい、自警団や軍によって殺された人も少なくなかった。慰霊祭は東京小石川でおこなわれた。朝鮮人千余名が参加し、朝鮮総督府、朝鮮銀行、東洋拓殖株式会社、満鉄の関係者も列席した。アジア主義者・頭山満や衆議院議員・肥田景之も参加している。小笠原の言葉を引く。

志を立てて郷土を出で、言語不自由の内地に渡りて、一意専心生活苦と闘ひつつありし鮮人諸氏に、突如として襲ひ来りしものは彼の大震災に次ぐ悲惨なる流言蜚語であった。われ等は当時を追想し、日本人として大国民として、實に慚愧に堪へないものが多い。平素の訓練も教養も何処《いずこ》にか失はれて、ひたすら周章狼狽した結果、悲惨なる幾多の物語を残さざるを得なかった。

なお、小笠原は反共団体である赤化防止団にも参加していた。頭山満と同じく、右翼と言える人物である。さらに脱線することになるが、小笠原と協力し、天照祭祀に強く反対した人物に葦津耕次郎がいた。彼は朝鮮総督・齋藤實とも直談判し、「恥を知る人であれば、直ちに撤回しろ」とせまっている。耕次郎の長男が葦津珍彦《うずひこ》だ。葦津珍彦は、戦後、神社本庁の新聞・神社新報の経営にあたり、戦後民主主義を批判、国体護持を主張した神道人だ。他方、哲学者・市井三郎の誘いに応じて「思想の科学研究会」にもくわわり、所謂「進歩派」とも議論を深めている。真の民族主義とはいかなるものか。それは民族の誇りが他民族の敬意につながり、異見に対して開かれた姿勢を保つことであろう。そのことを葦津父子の事績は教えてくれるのではなかろうか。

話を先の引用にもどす。水野廣徳が『戦影』で述べた通り、日露戦争によって日本は「一等国」となり、日本人は「大国民」となった。しかし、それから二十年の時を経ずして、「大国民」よって「慚愧に堪へない」事態が起こり、「悲惨なる幾多の物語」が生まれたのである。その経験が、小笠原をして「朝鮮神宮御祭神問題」に向かわせることとなった。

話が多少蛇行したが、朝鮮神宮が先例となり、その後、南洋神社、関東神宮にも天照大神と明治天皇の二神がまつられることとなり、また、台湾神社にも一九四四（昭和十九）年に天照が増祀され、台湾神宮と名称を変更するのである。

創建案が出された背景

時代は昭和に飛ぶ。旅順における官弊大社創建の具体的進捗があったのは、一九三六（昭和十一）年十二月のことだった。駐満洲国全権大使・植田謙吉より内閣総理大臣・近衛文麿に対して、旅順施政三十周年を記念して、関東神宮設立の稟申《ひんしん》があったのだ。

「旅順に神社を」という要望は、かねてから旅順市民から出されていた。関東庁からも官幣大社創建が上申されていた。なぜその話がその後進展しなかったのか、その理由はわからない。すでに関東州には大連神社があったから、かもしれない。

ただ、駐満洲国全権大使という、いわば満洲国の実質的トップから、この段階でこの提案がなされた理由は想像にかたくない。いま私は駐満大使を満洲国のトップと述べたが、大使は関東軍司令官が兼務するものであり、満洲国皇帝・溥儀の戦後の言葉を使えば、関東軍司令官は「上皇」ということとなる。では、一九三六（昭和十一）年という年に、なぜ関東神宮創建の話が動き出したのか。

まず、建国神廟について述べることからはじめる。満洲国帝宮に創建された建国神廟の祭神は天照大神だ。但し、建国神廟は神社ではないので簡略にその経緯を記しておく。

東京裁判（極東国際軍事裁判）で溥儀は、キーナン検察官の質問にこたえて、日本は満洲に対して武力的侵略をおこなうと同時に、「神道的侵略」をはかったと述べている。「宗教的迫害」という言葉も使っている。しかし、満洲国で高官をつとめた武藤富男によれば、天照祭祀は溥儀の考えによるものと推測している（『私と満洲国』）。それは、溥儀と関東軍との間の密約によるものだったことを入江曜子は指摘している（『貴妃は毒殺されたか　皇帝溥儀と関東軍参謀吉岡の謎』）。密約の詳細は『ド

キュメント昭和 皇帝の密約』(NHKドキュメント昭和取材班)に詳しい。建国神廟において天照がまつられることとなったのは、溥儀が日本の皇室とつながることにより、「明哲保身」をはかるためだったという武藤の推論が真実に近いだろう。

満洲国が建国されたのは、旅順に官幣大社創建の稟申があった四年前であり、その二年後の一九三四年三月に満洲国は帝政に移行した。溥儀は執政から皇帝となった。さらに同年、満洲における日本の組織の機構改革がおこなわれる。満洲国の首都「新京」に関東局が置かれ、そこに関東州以外の行政機能を移した。さらに、旅順に関東州庁を設置して、州内の一般行政は関東州庁があたることとなった。つまり、満鉄附属施設をふくめた関東州以外の資産を、満洲国内に移管したのである。付随して、関東軍も旅順から新京に移ることとなった。その二年後に総理大臣・近衛文麿に提示されたのが、関東神宮の創建案だったのである。さらに、その翌年の一九三七(昭和十二)年五月に、関東州庁が大連市へと移転する。

つまり、旅順から関東軍もまた関東州庁もなくなり、旅順という街は周辺に追いやられてしまったのである。官弊大社の創建案はその埋め合わせ、という側面が強かったと言える。

戦蹟と聖蹟

そのような経緯で関東神宮の創建が決定した。だが、関東州庁が大連に移転した二か月後に日本軍は長城以南に進軍し、中国との全面戦争にはいる。さらに、その四年後には対英米蘭戦に突入するのだ。本来五年をめどに計画された関東神宮は、七年の月日を費やすことになる。外苑の一部は打ち切られた。

また話の腰を折るようで恐縮だが、その話をする前に、日本の内地の「聖地」の話をしておかねばならないだろう。一九四〇（昭和十五）年におこなわれた皇紀二千六百年式典とそれに伴う国内における「聖地」の整備である。

一九三五（昭和十）年という年は、日露戦争から三十年にあたり、新聞では日露戦争を回顧する連載が多数組まれた。三月十日の陸軍記念日に向けて、読売新聞は「露国敗戦秘録」を二十八回にわたって掲載し、東京朝日新聞は「日露戦役回顧座談会」二十四回を特集した。続けて東朝は、五月二十七日の海軍記念日に向けて、「日露戦争三十周年回顧　海戦座談会」を四十五回連載した。繰り返しとなるが、三月十日は日露戦争における満洲軍の奉天入城、五月二十七日は聯合艦隊によるバルチック艦隊勝利の日である。それが陸海の記念日となった。

読売の連載記事は、松山俘虜収容所に収容されたロシア人捕虜の聞き書きをもとにした日露戦争の回想記だ。その題字とカットは、陸軍省新聞班長をつとめた櫻井忠温が描いた。また、東京朝日の「日露戦役回顧座談会」は、荒木貞夫をはじめとした当時の将軍に、若き日の日露戦争従軍体験を語らせるという企画で、海戦座談会はその海軍版だ。海軍座談会には、第八章で触れた匝瑳胤次も参加している。

東京日本橋の高島屋では、朝日新聞社主催の大山元帥展覧会が開催された。一九三五（昭和十）年の上半期は、三十年前の回顧が人々の耳目を集めたと想像される。

だがここで仮定の話をすると、その年の後半に、日本の内地のどこかで、道行く人に「日本の聖地は？」と聞いたら、「旅順」と答える人はほとんどいなかったのではなかろうか。おそらくは、「橿原《かしはら》」がトップに来て、そこに「伊勢」があり、「日向」といった答えが返ってきたと想像する。宮城《きゅうじょう》をあげる人もいたかもしれない。

なぜ橿原なのか。この年から、「皇紀二千六百年」の準備がはじまったからである。昭和十年の陸軍記念日（三月十日）には、橿原神宮が、昭和十五年にむけ「荘厳なる新装」となることが報じられている（一九三五年三月十日東京朝日夕刊）。

紀元前六六〇年を、神武天皇が即位した「皇紀元年」と定めたのは明治初年のことだ。一九四〇（昭和十五）年は、それから二千六百年目にあたるとし、皇紀二千六百年を寿ぐ行事が計画されたのである。

古代史に詳しい向きにとっては常識だろうが、現在の皇室につらなる（と考えられている）大和政権が完成を見たのは七世紀のことだ。神武天皇を初代とする万世一系の物語、いわゆる記紀神話は大化の改新以降に創作されたもの、と言えるだろう。少なくとも、ヒトケタ代の天皇はフィクションと考えてよい。

日向を出発した神倭伊波礼毘古命《カンヤマトイワレヒコノミコト》は、長髄彦《ナガスネヒコ》と戦い、大和一帯を平定し、畝傍山《うねびやま》の麓の橿原に都を置いた。神武東征の物語である。その年が、紀元前六六〇年であり、その日が二月十一日というのである。そして、その日が紀元節となり、戦後、その紀元節が復活したものが現在の建国記念日である。

橿原神宮はその神話に基づき創建された官幣大社だ。神武天皇の五代前が天照であり、その孫の迩迩芸命《ニニギノミコト》が天孫降臨したとされる。そのような皇祖の物語が現人神の根拠となる。

明治政府は維新をあらたな「神武の創業」と位置付け、祭政一致の国家とした。神社を序列化し、その本宗に伊勢神宮をすえ、天皇が祖神をまつった。大日本帝国憲法には、本文に先立って告文、勅語、上諭が記されているが、最初の告文《こうもん》は天皇の皇祖神への誓約である。その後に、第一条「大日本帝国ハ万世一系ノ天皇之ヲ統治ス」からなる本文が置かれている。あたかも、ヨーロッパ中世における王権神授とも言える内容だ。

但し今、私は「明治政府は」と書いたが、日本の歴史を、皇祖を起源とする所謂皇国史観の端緒は、近代以前にさかのぼることができる。それは、戦後、丸山眞男や山本七平ら多くの知識人が格闘した大きなテーマなので、この問題にこれ以上踏み込むことはしない。

一九三五（昭和十）年十月一日には、皇紀二千六百年祝典準備委員会が発足している。さらに、皇紀二千六百年には二つの国際的行事が併催されることとなった。ひとつは万国博覧会、もうひとつがオリンピックだ。祝典準備委員会設立の前年、一九三四（昭和九）年に、日本万国博覧会協会が設立されている。東京五輪が決まったのは、一九三六（昭和十一）年のことだ。だが二つの国際的祭典は、一九三七（昭和十二）年七月七日からはじまった、中国大陸での戦闘で中止を余儀なくされるのだ。

二つの催事は中止されたが、皇紀二千六百年への準備は熱を帯びることとなる。橿原を代表とする神武東征ゆかりの地は「肇国の聖地」となった。肇国《ちょうこく》とは国のはじまりという意味である。橿原神宮の整備にはのべ百万人が勤労奉仕として動員された。昭和十五年の正月、橿原神宮に初詣に訪れた参拝客は三が日で百二十五万人に達した。前年の二十倍である。東征の出発地とされる日向の高千穂も多くの登山客でにぎわった（一九四〇年一月四日東京朝日朝刊）。

内地と外地で比較するのは乱暴かもしれないが、関東神宮創建前に、旅順の戦蹟を訪れる巡礼者が、年平均十五、六万人、創建後に旅順市が見込んでいた来訪者数が年間五十万なので、三日で百二十五万という数字がいかに多いかお分かりいただけるのではないか。ごくごく簡略化して述べると、当時の日本人は、大陸政策の出発点となった「戦蹟」よりも、古代の「聖蹟」へ引き寄せられていった、ということである。

一九四〇（昭和十五）年二月十一日の紀元祭を経て、そのクライマックスは十一月十日に宮城前で開かれた祝典だった。昭和天皇は、五万を超える参列者と国民に向けて、勅語を発した。「紀元二千六百年ニ膺《あた》リ百僚衆庶相会シ之レカ慶祝ノ典ヲ挙ケ以テ肇国ノ精神ヲ昂揚セントスルハ朕深ク焉《こ》レヲ嘉尚ス」。祭典は翌日も続いた。

帝国日本は祭政一致の国家としてつくられたが、祭祀をつかさどる神祇官は明治初年に廃止されている。文明開化にそぐわないとの判断だ。天皇の神聖性と記紀神話がことのほか強調されるようになるのは、昭和に入ってからのことだ。皇紀二千六百年の準備委員会が設立された一九三五（昭和十）年には天皇機関説事件が起こっていた。美濃部達吉によるその学説は、天皇は国家の一機関とする憲法解釈だ。国体明徴運動によって美濃部の学説は否定され、貴族院議員を辞任した。

現人神と万世一系

ここで、この現人神、万世一系について補足的説明をくわえておきたい。戦後の日本人にとってこの問題は、不都合な史実と言える。眼にすると居心地の悪い思いをされる方もいるだろう。だが、近代日本を考える際、避けて通ることはできない問題を抱えている。ここでは既往の議論を引き、論点を整理する。

久野収によれば、美濃部に代表される学説は、帝国日本の「密教」だったという。それは「天皇の権威と権力を憲法その他によって限界づけられた制限君主とみる解釈のシステム」だ。そのような憲法解釈は東京帝国大学で教えられ、そこで学んだ人々が顕官についた。では「顕教」とは何か。それは「天皇を無限の権威と権力を持つ絶対君主とみる解釈システム」だ。後者が現人神の理論的根拠となる。

伊藤博文らが創作した明治国家は、この二つの解釈の微妙な調整により運営されていた。しかし、昭和に入って、「軍部による密教征伐が開始され、顕教によって教育された国民大衆がマスとして目ざまされ、天皇機関説のインテリくささに反撥し、この征伐に動員され」たというのである（「日本の超国家主義―昭和維新の思想」鶴見俊輔、久野収『現代日本の思想』）。つまり、昭和以前、日本の指導層は神話を相対化する視点をもっていた。言い方を変えると、国家統治に必要な機能的なシステムとして、割り切って運用していた、ということとなる。

個人的な体験を記しておくと、私は高校生の時に『現代日本の思想』を読んだのだが、この顕教と密教という比喩がいまひとつ理解できなかった。言葉づらから判断するに、顕教が理性的なものであり、密教が秘性を帯びたもの、と解することができるが、なぜ、戦前は非合理なものを表に立て、合理的なものを「密」としたのか、その点がわからなかったのだ。戦後の価値は、合理的な秩序こそが自らを律するものであり、そうでないものは表には出さないもの、とされていたからだ。数年を経て、久野のいう顕密の定義が理解でき、その二つが、戦前と戦後で逆転していることに気づくようになった。当時、私が感じた違和感は、戦後生まれが戦前を見る際にしばしばおちいる陥穽なのではないか。久野のこの整理の仕方は、有効なものだと思う。ソーシャル・ネットワーク・サービス上には、「インテリくささに反撥し」た言論はしばしば見受けられる。

話を「顕教による密教征伐」にもどすと、現在のインターネット上における世論《せろん》を見る際にも、久野のこの整理の仕方は、有効なものだと思う。

その「顕教による密教征伐」の頂点が、皇紀二千六百年の祝典だった。記紀神話を史実とすることに疑義を呈した歴史学者・津田左右吉が「不敬」と批判されるのは、まさにこの皇紀二千六百年の年のことであり、その後、関連著述は発禁となっていく。

もうひとつこの「顕教」に対する解釈を記しておきたい。天皇が「無限の権威と権力」をもつ根拠は万世一系の思想による。その祖が、神武であり、天照であり、それゆえに、天孫降臨の子孫・天皇は現人神となる、そのことはすでに述べた。

橋川文三は『黄禍論』の中で、明治期におけるこの万世一系の解釈について触れている。まず橋川は、大隈重信が『経世論』で日本人の劣性に言及したくだりを引く。大隈によれば、日本人は欧州人と比べて明らかに劣っている。その上で、日本の唯一の拠り所が、「万世一系の天皇という中心」であり、「それが我民族の世界の優勝者たるべき最後の力である」というのだ。そのような思考方法は、岩倉具視も大久保利通もまた伊藤博文も共有するものだった。

その万世一系の天皇が統べる国という「最後の頼みの綱」が、「万国無比の国体」の根拠となる。そのような国体論は、帝国日本の設計者が、日本人の人種的劣敗を代位補償するために編み出したものだった、というのである。つまり万世一系とは、他国と向き合う際に、劣等感を払いのけ自らを鼓舞するための「おまじない」のようなもの、と解することができるのだ。今、私は他国といったがそこには、中国大陸もふくまれる。万世一系には、易姓革命をへて王朝交替を繰り返す中華文明よりも優越している、という含意があるからだ。

この橋川の仮説を、これまで述べてきた議論とつなげて語りなおすと、日露戦争の勝利を経て、日本人は「一等国」という自負をもち、ついで、第一次世界大戦後に、その「大国民」は「マス」に成長、そのマスが軍部やメディアと連動しつつ、「密教」を食い破っていく、つまり、伊藤らが微妙な調整の上に構築した明治国家というシステムそのものを破砕していった、と理解できるのだ。

非白人民族としてはじめての近代国家をつくりあげたシステムそのものは、明らかに天皇機関説に代表される「密教」であったが、自らを律してきたその制度そのものを、「顕教」はこわしていくのである。

もうひとつだけ、この問題の解釈を示しておく。三谷太一郎『日本の近代とは何であったのか』はこの「皇祖皇宗」の問題を、ヨーロッパにおける「神」の日本的具現化だと説明する。そもそも日本の近代とは、「ヨーロッパにおいて確立されていた国民的生産力の発展の度合を基準とする価値観、世界資本主義を受け入れることを前提として形成された」。日本の近代とは、つまるところ、機能的なヨーロッパ化だった。

だがヨーロッパの機能主義の核には、キリスト教の神がいる。しかし、日本には神はいない。それを代替するために、キリスト教の機能的等価物として天皇を置いた。その神・天皇が発する言葉が勅語となる。そのことによって、立憲主義に基づく大日本帝国憲法と教育勅語との間に矛盾が生じる。久野収のメタファーを借用すれば、前者が密教であり、後者が顕教となる。さらに、「「教育勅語」は多数者の論理であり、憲法は少数者の論理」だった。そうなると「顕教による密教征伐」は日本の近代史の必然ということとなる。

これまでの議論を、読者はどのようにお考えになられるであろうか。少なくとも、いまだにきちんと整理のついていない近代日本の課題であることは間違いないのではなかろうか。

理屈の話がいささか長くなったが、そのようにして、皇紀二千六百年を寿ぐ昭和十五年が終わり、その翌年に、英米蘭に対する新たな「聖戦」がはじまる。日本の対外戦争が聖戦と呼ばれるようになったのは、支那事変からだ。それは「膺懲の聖戦」だった。一九三〇年代後半以降、戦争もまた聖性を帯びることとなった。神の国・日本は、決して過ちを犯すことはないからである。

一九四四（昭和十九）年六月には神社本義が発出される。その冒頭に曰く、「大日本帝國は、畏くも皇祖天照大神の肇め給うた國であつて、その神裔《しんえい》にあらせらるる萬世一系の天皇が、皇祖の神勅のまにまに、悠遠の古より無窮にしろしめし給ふ。これ萬邦無比のわが國体である」。

橋川が代位補償と呼んだ万世一系に基づく「万邦無比の国体」が、一九三〇年代以降に、狂信的レベルに高められていくのである。

飛行機ではこばれる霊代

旅順に誕生した関東神宮についてのまとまった資料は、神宮の神職だった石川佐中があらわした

『関東神宮 悲劇の三百二十二日』一書である。同書の副題の意味するところは、一九四四（昭和十九）年十月一日の鎮座祭から、天照大神と明治天皇の二神の霊代が焼かれた一九四五（昭和二十）年八月十八日までの日数が三百二十二日ということだ。旅順市街に誕生した官幣大社・関東神宮の命は一年にも満たないものだった。以下、同書により、その創建の経緯を記しておくこととする。

満洲全権大使・植田謙吉から内閣総理大臣に神社設立の具申がなされたのは一九三六（昭和十一）年十二月十九日のことだ。そのことは先に書いた。その後、関東神宮の内閣告示があったのは、翌翌年の一九三八（昭和十三）年六月一日のこと。関東神宮の祭神は天照大神、明治天皇の二神とし、その社格を官幣大社とすることが、内閣総理大臣・近衛文麿名でだされたのである。その理由は「関東州及南満洲鐵道附屬地ニハ未タ在満邦人一般ニ信奉スル所ノ廟舎ナク民心ノ歸一ヲ圖ル點ニ於テ遺憾ナキ能ハス」というものだった（「関東神宮ヲ創立セラル」アジア歴史資料センター）。審査に一年半もの時間が費やされたのは、日中戦争が影響していたと想像される。

先に述べた通り、その内苑は新市街にある景勝地・大正公園を中心にその周囲の山々（二登山、磨盤山、老栥山）をふくむ十六万余坪が確保された。同年十二月に植田謙吉がその地を視察している。その予算は当初百万円とされたが、物価高騰によりふくれあがり、その四倍、四百四万六千円となった。さらに工期ものび、当初その建設期間は五年が予定されていたが、七年を超える年月が費やされた。

外苑の計画が決まったのは一九四〇（昭和十五）年十月のことだ。翌年四月から着工、運動場、スケート場、相撲場、馬術場、さらに明治神宮外苑同様に絵画館も計画された。その敷地面積はほぼ内苑と同じである。外苑建設のために、「関東神宮奉賛会」が組織された。外苑建造の総事業費は二百五十五万四千三百円と試算され、うち二百万の募金が関東州はもちろんのこと、満洲、台湾、樺太、北海道から集められた。一九四四（昭和十九）年三月段階で、目標額を超える寄付があった。しかし、戦時下にあり、資材の調達は難しく、運動場、スケート場、苑路整備、植樹、さらに稲穂栽培の神饌《しんせん》田の建造を先行し、絵画館などは延期されることとなる。

内苑の建設も、外苑同様に邦人の貢献と無縁ではなかった。勤労奉仕団が組織された。その人数は、昭和十三年度から昭和十九年六月までの累計で約二十一万人、町内会、各種団体、学校の奉仕団が、汽車やバスで旅順をめざした。

旅順は日露戦争の「聖地」以外に、「学校の街」だった。それは、第四章で述べた後藤新平の「文装的武備」に由来する。勤労奉仕には学生が多数参加した。旅順中学校、旅順高等学校だけでなく、旅順高等女学校、旅順女子師範学校の生徒もモッコをかついだ。女子生徒は主に裏山の松の木から毛虫を除去する作業にあたった。黄色い声を発しながら、箸で一匹一匹毛虫をつまんだことが、思い出話として語られている。

勤労奉仕の行き帰りには、「鎮座祭奉祝歌」がうたわれた。旅順に神宮を創建することがいかなることを意味するのか、その一端がわかるので、参考までにその歌詞を記しておく。

一、日の丸旗風晴れて
大東亜明けゆく朝

聖《きよ》き地旅順の社に
おごそかに祭る大宮
あな尊《とおと》　関東神宮

二、日の本の護りの神を
二柱斎《いつ》き祀《まつ》りて
神徳の耀《かがよ》ふところ
大陸の民いま安し
あな畏《かしこ》　関東神宮

三、秋風の爽かにわたる
神垣にわれら集いて
鎮座祭祝いまつれば
よろこびの心はおどる
あな清《さや》け　関東神宮

四、きようよりは神のみ前に
醜《しこ》撃たん誠ささげて

いざわれら強く凜々しく
みいくさに奮い起《た》つべし
あな仰げ　関東神宮

「大陸の民いま安し」と歌詞にはあるが、それは日本人のみの認識だったのか、あるいは、旅順に先住する人々も感じたことなのかはわからない。旅順でも大連でも、一九四五（昭和二十）年八月十五日の午後には、一部の中国人の家の上に、青天白日旗があがったというから、前者の色合いが濃かったとも考えられる。

関東神宮の内苑地鎮祭は一九三八（昭和十三）年七月に、外苑地鎮祭は一九四一（昭和十六）年六月におこなわれ、一九四四（昭和十九）年六月には、完成した神饌田で田植祭が実施された。田植えをする早乙女も旅順高女の生徒七名がつとめた。

神宮の二神の霊代が唐櫃《からひつ》におさめられて、勅使によって運ばれたのは、一九四四（昭和十九）年九月二十八日のことだった。駐満洲国大使・山田乙三らが大連の空港で霊代を迎えた。山田は最後の関東軍司令官である。特別仕立ての車輛で旅順へ。勅使や山田、さらに関東局、関東州庁の幹部が乗る車輛の前後には、機銃を装備した車がついた。神宮着後、霊代を運ぶ大任をになったのは、旅順中学校の男子生徒四名だった。

移送は秘密裏におこなわれたが、神宮参道の家には、外を見ぬように、とのお達しが出されていた。沿道の家の飼い犬は事前に殺処分された。霊代に犬が吼えると「不敬」にあたるからである。処分される前に、愛犬と泣きながら記念写真をとった、という回想が前掲書には載っている。

鎮座祭が開催された一九四四（昭和十九）年十月一日は抜けるような青空だった。神宮から新市街の隅々まで見わたせ、旅順港は群青色にかがやいていた。神宮の回廊には関東州、満州各地から献納された白米、清酒、餅がならんだ。関東州名産のリンゴがピラミッドのようにつまれた。山田乙三ら満洲国の高官が居ならぶ前で、宮司と禰宜《ねぎ》が唐櫃を本殿に安置した。その後、降神の儀がはじまり、宮司は祝詞を奏上、参列者が起立して神霊の鎮座を寿いだ。

鎮座祭には五百人の参列があった。そこには、小・中・高・大学の代表者も参加した。その一人に旅順第一小学校五年生の女子生徒がいた。くだんの生徒はその後、大連放送局で感想文を披露する。作文の第二段落を引用する。


私達の先祖様のみたまの鎮まりますこの地、日本の大陸発展の発祥地である旅順を、関東神宮御造営の聖地として定められ、そのお仕事が始められてからすでに七年の年月が過ぎて参りました。そうして今日めでたい鎮座祭の佳き日を迎えたのです。毎日激しい戦が行われているさ中に、この盛大な祭典を行うことが出来るということは、全く天皇陛下の大御稜威のお蔭であります。日本の国は何と素晴らしい国でありましょう。「私はほんとうに日本人に生れて有難いなあ！」と、つくづく感謝せずにはおられませんでした。またこの永い年月の間、どれ程多くの人たちの美しいご奉仕があったことでしょう。このお仕事にたずさわった方々に心から感謝しなければならないと思います。

このようにして旅順は、戦蹟のみならず、聖蹟もそなわる「聖地」となったのである。

昭和二十年五月の祝詞

関東神宮の短い生命の中で最大の祭礼が、「寇敵撃攘必勝祈願祭」だった。祭祀は、一九四五（昭和二十）年五月二十七日におこなわれた。前述した通りその日は海軍にとって特別な日である。寇敵の「寇」は元寇の寇だ。「憎き敵」を撃滅するための祈願がとなえられたのである。

外地をふくめたすべての神社で、寇敵撃攘のための大祭をおこなうべし、とする勅令が、総理大臣・鈴木貫太郎名で出されたのは一九四五（昭和二十）年五月十一日のことだった。翌日十二日はその祭式と祝詞の指示が内務大臣名で発出されている。鈴木は同年四月七日に小磯國昭に代わって総理の座についていた。

二月に米軍は硫黄島に上陸し、三月九日から十日にかけて、東京、特に隅田川以東におびただしい数の焼夷爆弾が放たれ、焦土と化した。水野廣徳が『興亡の此一戦』で描いた悪夢が、現実のものとなったのだ。その後、空襲は日本の都市部で無差別におこなわれていく。四月に米軍は沖縄本島に上陸し、奇しくも鈴木が総理についた日に、沖縄特攻に向かった戦艦大和が轟沈する。祈願祭の勅令が出されたのは、沖縄で民間人を巻き込んだ戦闘が続いていた時期だ。

内務省から各神社に指示された祝詞にも、戦局の様子が色濃く出ている。宮司祝詞の前段を引く。なお、漢文の原文は以下に掲載されている「寇敵撃攘必勝祈願ノ為官国幣社以下神社ニ於テ行フ祭祀ニ関スル件ヲ定ム」（アジア歴史資料センター）。

読み下し文は前掲書による。また、上記資料には、幣帛供進使の祝詞も収録されているが、内容が近いので、宮司祝詞のみ引く。読みにくいと思われるので、後で拙訳を付す。

掛《かけ》まくも畏《かしこ》き［某神社の大前に、宮司位勲功爵氏名］恐《かしこ》み恐みも白《もう》さく、大神等の守給《まもりたま》ひ助給《たすけたま》ふ随《まにま》に、大御軍《おほみいくさ》は弥奮《いやふる》ひに奮ひ弥健《いやたけ》びに健び、例無《たぐいな》き大き戦果《いさお》を挙げて在れども、驕《おご》り狂《くる》へる敵は一向《ひたふる》に物の量を恃誇《たのみほこ》り、弥々荒《いよよすさ》びに荒び暴《たけ》りに暴りて於保介奈《おほけな》くも、皇都《みやこ》を始めて重要の地を度遍《たびまね》く空より襲ひ、大洋の島々を次々に侵寇《おそ》ひ遂に沖縄に逼《せま》りて、強《ごう》に之を侵奪《うば》はむとす。戦局甚《いと》ど危急《あやう》く皇大御国《すめおおみくに》の興《おこ》るも廃《すた》るも実に此の戦に懸りて在り。

カギカッコ内には、神社や神宮の名称と祝詞を奏上する宮司の肩書と名前が入る。冒頭の「掛まくも畏き……恐み恐みも白さく」は、祝詞冒頭の定型文で、「心に思い浮かべるだけでも恐れ多い……神社の神前に（宮司名）が謹んで申し上げる」となる。その後の文言を現代文に要約すると、以下となるだろう。「日本軍は決死に戦い、善戦はしてきたものの、敵は物量にものをいわせて猛りくるい、おそれ多くも天皇の座す東京、さらに主要都市にまで幾度も空襲をしかけ、ついで太平洋の島々を侵略し、はては沖縄にまでせまっている。戦局は極めて緊迫しており、神の国・日本の興廃はまさにこの一戦にある」。

その後、皇室から供進された幣帛などをお供えするくだりがつづき、最後は以下でしめられる。

遠き神代《かみよ》の昔《いにしえ》より穢《けが》す事無く損《そこな》ふ事無く、防護仕奉《まもりつかえまつ》り来る此の皇土《みくに》を、堅磐《かきわ》に常磐《ときわ》に守給ひ斎《いわい》給ひて、北に南に群《むらが》り襲来《よせく》る醜《しこ》の虜等《あだども》を忽ち屠殲《うちくず》し、米国及び英国を始めて敵《てむか》ふ国と云ふ国の悉《ことごと》く撃滅《うちほろぼ》さしめ給ひ、大御稜威《おおみいつ》を天壌《おめつち》の共弥遠長《とおなが》に伊照輝《いてりかがや》かしめ給へと、恐み恐みも白す。

ここにも訳をつけると、「神代の昔から損なうことのなかったこの国を、永久にお守りください。南から北から襲ってくる邪悪な敵どもを撃滅し、米、英と手向う敵をすべて滅ぼし、天皇のご威光によって世界を永遠に輝かせていただきたいと、謹んで申し上げる」。

寇敵撃攘必勝祈願祭の祭式と祝詞の指示は十一万の神社に出された。内外二百二十ある官国幣社には、幣帛神饌料が供進された（一九四五年五月十一日東京朝日朝刊）。靖国神社では五月十六日に祈願祭が開かれている（一九四五年五月十七日東京朝日朝刊）。

五月二十七日のその日、旅順のアカシヤは満開だった。祈願祭では、宮司らの祝詞奏上の後に、「浦安の舞」が演じられた。舞ったのは旅順高等女学校の生徒だった。

浦安の舞とは、皇紀二千六百年の式典のためにつくられた演舞で、それは、昭和天皇の一九三三（昭和八）年の新年歌会始の折の歌を典故とする。一月二十一日に開かれた歌会始の題は「朝海」、天皇は「天地《あまつち》の神にそいのるあさなきの海のことくに波たゝぬ世を」と詠んだ（宮内庁『昭和天皇実録』第七巻）。歌会始の五日前、近衛文麿は「爾後国民政府を対手《あいて》にせず」との声明を発していた。総理自ら「波たたぬ世」を実現する機会を放棄してしまったのである。

雅楽も奏でられた。笙、ヒチリキ、鼓、笛、琴などの楽器が準備された。晴れた空にその音色が響き渡ったことだろう。その日は天気晴朗ながらも、多少風があったという。神宮から見える旅順港には、さざ波がたっていたのではないか。アカシヤの甘い香りが、列席者の鼻腔をくすぐったことだろう。

だが、そのような五月晴れの旅順から、遠くはなれた沖縄本島に眼を転ずると、米軍との壮絶な戦いが展開されていた。動員された民間人には、多数の学生がふくまれていた。男子中学生は鉄血勤皇隊に組織され、女子はひめゆり隊などで看護にあたった。その多くが戦死している。

祈願祭前日の五月二十七日に、沖縄守備隊が司令部を置いた首里が陥落、軍は摩文仁へと撤退した。司令官と参謀長が自決するのは、それからひと月も経たない六月二十三日のことだ。それをもって、沖縄における日本軍の組織的抵抗は終結する。

沖縄が陥落すれば、米軍は本土に押し寄せる。五月十一日に出された勅令の意図は、皇土《みくに》の防衛にあった。だが、米軍の進攻を遅らせたのは、内外の万を超える神社で奏上された祝詞ではなく、軍と沖縄の人々であり、その犠牲は筆舌に尽くしがたいものとなった。

第十章　ソ連軍の進駐から撤退まで

旅順黄金山のソ連兵、後景は白玉山
（1945 年 10 月 1 日、RIAN archive）

ソ連軍勝利記念塔（田村宏嗣撮影）

旅順の帰趨が決したのはヤルタだった。一九四五（昭和二十）年二月八日の午後、かつてのニコライ二世の夏の離宮リバディア宮殿で、ローズヴェルトとスターリンが相対した。そこで決まったことは、ソヴィエト社会主義共和国連邦が、ドイツ降伏後二、三か月のうちに対日参戦すること、樺太南部、千島列島がソ連の領土となり、関東州の権益をソ連が掌握することだった。

ローズヴェルトがスターリンに対日参戦をもとめた最大の理由は、米兵の犠牲を最小限に食い止めることにあった。大統領は日本人が死を賭して戦うことに恐怖を抱いていた。サイパンでは民間人が玉砕している。対独戦同様にソ連軍の力を借りるしか仕様がない。ローズヴェルトはスターリンが独裁者として君臨し、多くの人々を粛正した事実は知っていたが、同胞の死の抑止と、ソ連を戦後体制に誘い込むことをなによりも優先したのである。

ソ連の対日参戦後の樺太、そして、千島列島の北端・占守島での戦いは、前著で書いたので、そちらに譲るが、ここで問わねばならないのは、旅順、大連、そして満鉄という関東州の権益が、どのようにして我々の「戦後」を形づくる要因となったのか、という問題だ。

ソ連にとって、帝政ロシアが失った二つの港は特別な場所だった。旅順と大連は、西のセヴァストポリとオデッサ（オデーサ）に比する港湾都市だった。本章の扉に付した写真は、ソ連軍旅順占領間もない頃のものだ。黄金山で旗をかかげるソ連兵の先には、白玉山の表忠塔が見える。ニコライ一世が語ったとされる「ロシア国旗を一度掲げた場所ではそれを降ろしてはならない」という言葉は社会主義となっても変わらなかったのである。

国家の恥辱

ヤルタ協定では大連と南満洲鉄道の優先的利益と旅順の租借権の回復がうたわれたが、そこには条件が付されていた。蔣介石の同意である。協定は密約なので、当初、中華民国には知らされていなかった。重慶にあった蔣介石がその内容を知り、強く反発したのが「租借地」という語だった。会談から四か月後の六月十二日、蔣介石はソ連大使ペトロフに協定の仔細の議論は後回しとするが、と断り、以下のように語っている。「租借地といったたぐいの名称を、わが中国民族は国家の恥辱と考えている」(中華民国党中央委員会党史委員会『中華民国重要史料初編 対日抗戦時期 第三編 戦時外交(二)』)。

繰り返しになるが、二十一箇条の要求で、関東州の租借期限は九十九年に延長となり、ベルサイユ講和会議を機に、五・四運動が起こった。五四の主張は、日本のドイツ権益の継承反対であったが、一九二三年から「旅大回収」が本格化する。同年三月二十七日に、旅順と大連の二港は、二十五年の租借期限を終えて、返還される予定だった。が、そうはならなかったのだ。

その翌々日(三月二十九日)、湖南省において、「打倒日本帝国主義」「二十一箇条反対」さらに、「旅大回収」を叫ぶデモ隊が日本領事館に押し寄せた(逢先知他『毛沢東年譜一九四九―一九七六(一)』)。当時毛沢東は、湖南省共産党委員会の幹部だったので、その抗議行動にくわわっていたと考えられる。旅大回収は民族運動の関の声だった。満洲国の成立、さらに盧溝橋事件を経て抗日戦争がはじまるが、その初発に旅大（関東州）租借があった。ヤルタがうたう「ロシア国の旧権利の回復」など到底認めることができるものではなかったのである。

一九四五年二月八日のヤルタの秘密協定から、同年八月十四日に結ばれた中ソ友好同盟条約の締結までの中ソ関係の経緯を学んだのは、石井明「第二次世界大戦終結期の中ソ関係　旅順、大連問題を中心に」だ（江夏由樹他『近代中国東北地域史研究の新視角』）。そこで眼がとまったのは、七月九日に、モスクワで、ソ連駐在の米国のハリマン大使が、行政院長・宋子文に語ったという以下の言葉だ。宋はハリマンに旅順返還の仲介を頼んだ。それに対する返答である。蔣介石に宛てて、会談内容を報告する電文の該当箇所は以下である。「アメリカの旅順に対する態度には特別な困難を抱えている。なぜなら、すでにアメリカには日本付近の海島を永久に占領する計画があり、ソ連による旅順の使用を拒否することができないからだ」（中華民国党中央委員会党史委員会前掲書）。

ハリマンはヤルタ会談にも列席しているので、これはローズヴェルトも承認していた「計画」と解することができる。すでにローズヴェルトは他界している。この「日本付近の海島」とは小笠原、または沖縄のことであろうか。

この記述が真実とすれば、一九四一年八月に英米で結ばれた大西洋憲章と矛盾する。そこには、領土の拡大も変更ももとめない、と記されていたからだ。米国の大西洋と太平洋に対する政策は異なる、ということなのかもしれないが、いずれにしても、日本敗北必至の段階で、米国は、自らは「海島」を頂戴するから、旅順はソ連に献上した、だから中国に、領土返還は諦めろ、と引導をわたした、と理解することができるのだ。

　ヤルタ協定では、明治初年に平和裏に結ばれた樺太千島交換条約で日本の領土となった千島列島も、ソ連に提供されることとなった。スターリンへの贈り物は、大盤振る舞いだった。一方、国民政府は戦時に米国から多大の援助を受けていた。パトロンの言にはしたがうしか仕方がない。

　その蔣介石の同意が実ったのは、日本がポツダム宣言を受諾した八月十四日のことだった。八月六日には広島に原爆が投下され、八日にソ連が対日戦を布告、九日には長崎に原爆が落とされた。アメリカ大統領はトルーマンに代わっていた。米ソの蜜月時代は終了していた。

　八月十四日に締結された中ソ友好同盟条約の附属協定で、関東州の権益の去就が決まった。大連は、他国に開かれた自由港とし、その行政権は中国に属するも、管理組織のトップはソ連側がつくこととなった。旅順は、中ソが海軍基地として共同で使用するが、軍事委員会委員長のポストはソ連側が握った。それぞれの有効期限は三十年と定められた。旧東清鉄道と満鉄からなる長春鉄道は共同所有、共同経営となった。その期限も三十年だった。

　なお、旅順に関する規定第一条の冒頭には「中ソ両国の安全のため、日本に再び侵略させないために」という文言が添えられた。第二次世界大戦終結後の旅順は、日本に対する防衛拠点として位置付けられたのである。なお、蔣介石が嫌った「租借」という語は、スターリンの同意によって協定に盛り込まれなかった。蔣介石のメンツは保たれたのである。

ソ連参戦後の旅順と大連

次にソ連参戦後の旅大に眼を移してみよう。ソ連軍の満洲国への侵攻は八月九日の未明のことだった。その後の大連を、榊谷仙次郎の日記で見てみることとする。榊谷は第一次世界大戦後に大連で榊谷組を起こし、満鉄の受注工事などで事業を拡大、「満洲の土建王」と呼ばれた人物だ。彼は詳細な日記をつけていた。

八月九日午前五時に起床した榊谷は、いつもの通り大連神社に参拝する。参拝者は変わらず多かった。朝食後再び大連神社へ。神社では関東州義勇軍奉公隊の結成式が開かれ、関東軍司令官・山田乙三と関東局総長・三浦直彦が出席予定だった。山田も三浦も、前日に大連入りし、夜は星が浦の料亭・星乃家にいた。だが、ソ連参戦の報を受けて、明け方いそいで新京にもどる。ソ連は四月五日に日ソ中立条約の廃棄を通告していたが、関東軍はそのような早期の参戦を予期していかなったのである。

八月九日の大連は猛暑だった。帰宅後、榊谷は頭痛をおぼえ、床に伏した。そこに、午後二時から関東州庁で防衛委員会が開かれる、との知らせがまいこむ。会議では、旅大防衛司令部からソ連軍の動向が報告された。東寧、虎林、大黒河、ハロンアルシャン方面から進軍し、ハロンアルシャンには七十五万を超える機動部隊が侵攻している。だが、関東軍の動きは不明とのことだった。対して、関東州の準備は本日中に竹槍を四万本つくらせる、というもの。帰宅後「絶体絶命のところに押し込められた」と妻に語る。大連で裸一貫から身を起こした榊谷にとって、すべてが崩れ去っていく、その時が訪れたのである。

八月十日朝の大連神社も、参拝客の数は変わらなかった。境内では在郷軍人が訓練にはげんでいた。

新京にある榊谷組本社から連絡があり、社員の疎開を懇願される。しかし、榊谷組は満鉄の重要使命を帯びる会社なので、留まるよう指示、関東軍が新京から去ったことが明らかになると、新京は阿鼻叫喚の巷と化していた。その日、関東州庁は戒厳令を発する。翌十一日、関東軍は皇帝溥儀らを連れて南満の通化に移動する。大連の関東州庁は、関東局、そして関東軍とも連絡がつかなくなり、すべての決定は州庁長官にゆだねられる。

飛んで八月十四日、その日の大連神社は戦勝祈願に訪れた参拝客であふれ、在郷軍人の訓練も熱を帯びていた。ソ連軍の侵攻は破竹の勢いで、すでに牡丹江は落ち、白城子を超えて東南に向かっている。「関東軍が斯如く《かくのごと》無力であらふとは思はなかった」。新京を脱出した榊谷組社員は、その日の深夜に大連駅に到着する。「此の上は運命に任かすより外はない」と記す。

玉音放送が終わった午後、旅順にも大連にも青天白日旗がはためいた。戦時下、満洲国や関東州に向けた中国語放送は、大本営発表とは異なる戦況を伝えており、国民党も共産党も旅大で地下工作をはかっていた。関東州の中国人にとって、日本敗戦は想定内だったのだろう。石川佐中によれば、終戦数か月前から、関東神宮の中国人参拝者は眼に見えて少なくなっていたという。

八月十六日の関東州庁前広場に猛煙があがった。そこここで重要書類が焼かれた。富永孝子の父・徳重伍介は「火葬場のような悲愴感が漂っていた」と語ったという。富永孝子『大連 空白の六百日』には、敗戦から邦人引き揚げまでの凡そ六百日の日々が、女学生であった富永の体験と、史料、さらに引き揚げ者の聞き取りによって詳細に描かれている。敗戦後のダーリニーは如何なる状況にあったのか、それを知る上で貴重な書籍だ。大連は、ソ連占領後ただちに、かつてのダーリニー（ダルニー）

に名を改め、車は右側通行に変わっていた。

関東神宮の宮司・佐藤重三郎は関東州庁から「昇神祭」を指示される。暴動や連合国軍の進駐によって、「不敬」があってはならないからである。だが、その実施は神職の裁量にまかされた。

昇神祭とは霊代を処分すること、祭式がとりおこなわれたのは八月十八日だった。天照大神、明治天皇の二神に灯油がかけられた。焼けのこった神鏡は沼に捨てられた。その日、大連の空にビラが舞った。山田乙三名で、詔勅にしたがい、戦闘を中止し、治安維持につとめろ、という指示だった。その翌日、溥儀は奉天でソ連軍空挺部隊に拘束される。ソ連参戦後、関東軍は旬日を経ずして壊滅したのである。

関東神宮と南洋神社に廃止令がでたのは、十一月十七日のことだった。台湾、樺太、朝鮮のそれぞれの神社、神宮にも廃止令が下される。

八月二十二日にソ連軍は大連と旅順に進駐した。大連はヤマノフ少将をトップとする部隊が、旅順にはイワノフ中将を司令官とする部隊が到着した。大連では、青天白日旗や赤旗をもった市民がソ連軍を迎えた。八月二十五日にはソ連太平洋艦隊が旅順に入港している。旅順も大連もソ連軍の治下に入ったが、しかし、軍港・旅順、自由港・大連の扱いは異なるものだった。

旅順は、直ちに要港司令部などの軍の施設が接収され、日本人は数か所に集められた。九月上旬には邦人居住禁止となった。ソ連軍旅大進駐後、米軍機が上空を飛来し、米潜水艦も沖合に現われていた。対米関係からも、旅順の速やかな掌握が必要だった。九月以降、旅順に日本人はいなくなった。よってここでは、大連における回想から、ソ連軍占領下の旅大の様子を見ておくこととする。

当時の大連の人口は約八十万、うち日本人が約二十万、中国人が六十万人弱だ。朝鮮人は七千弱を数えた。それらの人々がソ連の占領下に入ったのだ。最初に進駐したヤマノフ指揮下のソ連兵には、粗暴な兵が多数混ざっていた。家に押し込み、時計や万年筆をうばう。女性への暴行も、ベルリンやウィーンでおこなったことと同じだった。大連郊外の住宅地・黒石礁に住んでいた富永孝子は、金髪の女性が半裸のソ連兵に追われるところを目撃している。星が浦、黒石礁に住む多くの外国人女性が暴行を受けた。日本人も例外ではなく、中国人も被害にあっている。孝子はその後、父に無理やり坊主頭にされている。

日本人の大連会長は、大連の治安維持にあたっていた中国人の保安隊から、日本人女性をソ連兵に斡旋するよう指示され、大連会長が芸者衆の説得にあたったことを、富永は記している。

日本軍は武装解除された。その数四万とも五万とも言われる。彼らはその後、関東軍同様にシベリアに移送されている。

しかし、ソ連軍から逃げた関東軍兵士もいた。石堂清倫もその一人だ。ハルビンから大連に逃れ、その後、「大連日本人労働組合」に参加する（石堂清倫『大連の日本人引揚の記録』）。ソ連軍は一九四五年末にすべての日本人団体を解散し、民主的労働組合のみ許可するとし、大連日本人労働組合が組織されたのだ。労働組合とはいえ、その活動は組合に限定されるものではなく、避難民の援助や引き揚げ、そのための資金集めなど多岐にわたるものだった。その正負の側面については、石堂自身も前掲書で振り返っており、富永も触れている。

極東ソ連軍総司令官ワシレフスキーが、旅大を訪れたのは九月初旬のこと。その直後にヤマノフは更迭され、コズロフがついた。司令官が代わってからは、ソ連兵の品行は多少良くなったという。富永は、大人たちの会話を記している。「まず弾丸よけに囚人部隊を最前線に送って占領。ひとあばれさせたうえで、後続部隊がはいり、鎮静策をとり、人心を把握する。ヨーロッパ戦線でもそうだったらしいよ」。その言の通り、コズロフは早速、大連の有力者と懇談する。

大連は食糧が欠乏していたが、それでも、かねてから大連に住む人々の暮らしはましなほうだった。「売り食い」で食いつなぐことができたからだ。売り食いとは、衣類などを中国人に売って、代わりに食糧を買うことをいう。戦時統制で繊維製品が入手困難となっていた。「終戦後一年ばかりの日本人の食糧は、タンスから一枚一枚もち出される着物の化けたものといってよいくらい」。石堂の回想だ。渡辺京二も売り食いで糊口をしのいだと書いていた。

大連市民とは異なり、満洲北部から逃れてきた避難民は売るものはなく、住む家さえなかった。その数は数万をかぞえた。屋外で寝起きをするしか仕方がない。先行きを悲嘆し自殺する避難民もいた。公園の樹木での集団縊死もあった。富永は、大連駅の駅前広場で、首に値札をつけた男女の子供を目撃している。ダブダブの服を着た女子は骨と皮で、千円と書かれた札をさげていた。四歳前後の男の子は、不安そうに周囲をうかがっていた。七百円と書かれていた。大正国民学校の塀に、「日本人の子供買います」との張り紙があった。

ソ連参戦後、開拓民の多くが死んだ。生きのこった人の苦難も想像を絶するものとなった。中国に残留した子や女性の苦労も同様であろう。これもまた、旅順を起点とする近代日本の帰結である。

大連神社の総代をつとめていた榊谷仙次郎の朝は神社参拝からはじまる。大連神社は一九〇七（明治四十）年に創建され、四十年近く大連の氏神として関東州の人々の信仰を集めていた。日本敗戦後、大連神社も、関東州庁から霊代の焼却が指示されたが、社司の水野久直はしたがわなかった。敗戦から引き揚げ、そして、下関における大連神社の再建までの経緯は、水野の手による『明治天皇御尊像奉遷記』に記されている。

引き揚げ後の回想ゆえ、その筆致は軽やかで、その描写もどこかひょうひょうとしている。機転をきかせて、ソ連軍と交渉し、司令官コズロフにも取り入り、最後は、ご神体・明治天皇像を持ち帰ってしまう。像はもともと満鉄総裁室にあった五十センチほどのもので、それも軍装、容易に持ち出すことができるものではなかった。

ワシレフスキーが九月初旬に旅大を視察に来た時には、大連神社にも訪れている。ソ連軍、さらに米軍もしばしば大連神社に来訪している。水野は米ソの将兵を舞楽で迎えた。機転の例を二つあげておく。

ひとつは、一九四五年十一月七日のソ連革命記念日にスターリンに太鼓を献上した話だ。大連神社はいつ廃止命令が出てもおかしくなかった。事態の改善のために、革命記念日に、スターリンに贈り物をしようということとなった。そのアイディアは、神社に食客として住み込んでいた脱走兵によるものだった。彼は、ハルビン学院出身のロシア語に堪能な男だった。

神社には、皇紀二千六百年の折に貞明皇后に献上予定だった大太鼓《だだいこ》があった。それをスターリンに贈るのである。その提案をコズロフは受け入れる。太鼓を馬車に乗せ、司令部に向かった。お供は白装束に身を包んだこれまた関東軍の脱走兵だ。ソ連軍は司令部をヤマトホテルに置いていた。太鼓にはロシア語と日本語の由来書が添えられた。コズロフは最大限の謝辞を述べて、献上品を受けとる。「大連時代の苦境の中で、か程面白く、痛快なことは無かったものです。だがこれも米国の占領下では所詮実現できぬことで、この辺にいかにもソ連人らしい気質が見られるように思われます」。ロシア人の融通無碍な国民性を感じさせる逸話である。

ついで十一月二十三日にとりおこなわれた新嘗祭の話も秀逸だ。大祭のお墨付きを得るために、先のハルビン学院卒業の脱走兵をコズロフの元に派遣し、祭祀にはお神酒《みき》が必要と、許可証を出してもらうのだ。敗戦後、大連の蔵元は、中国人が管理しており酒の入手は困難だった。それをソ連軍司令官の一筆で、提供させようというのである。ドラム缶一杯の清酒が手に入った。「御神酒奉納コズロフ」との札を神社の正面に貼りだした。これでソ連軍も中国人も手が出せない。大祭当日、コズロフも家族帯同で参列し、舞楽を楽しんだ。司令官との関係が深まったことは言うまでもない。水野はそのようなソ連軍への働きかけを「民間外交」と呼ぶ。

一九四七（昭和二十二）年になって、神社の建屋は、ソ連の大連領事館とロシア正教会に引き渡されるも、ご神体は無事日本へと運んだ。水野はその後、下関の赤間神宮の宮司につき、一九八〇年に赤間神社境内に大連神社を再建する。

実は水野は、関東神宮の備品も持ち帰っている。そのひとつは神殿の鍵（御鑰）であり、もうひとつは、「関東神宮」と彫られた印（神印）だ。その二つは、関東神宮の昇神祭ののちに発見され、大連神社に届けられたものである。その鍵と印が、かつて旅順に官弊大社があったことを示す数少ない証拠と言えるだろう。
水野が乗った高砂丸が大連港を出港するのは一九四七（昭和二十二）年三月十一日、最後の引き揚げ船・恵山丸が大連をはなれたのは三月三十日だ。それをもって、累計二十万あまりの大連からの第一次引き揚げが終了する。大連にのこったのは、接収された工場などで働く日本人技術者と石堂ら組合関係者だった。

撤退はなぜ延期されたのか

富永前掲書によれば、八月十五日午後、にわかに掲げられた青天白日旗は一週間で赤旗に代わったという。「重慶から市長が来る」との噂はかまびすしかったが、結局のところ、国民政府から幹部は来なかった。日本人の間で、屋内にスターリンの肖像画を掲げると、押し込んできたソ連兵が退散するとの噂がひろまり、「じゃ蔣介石では」と蔣介石の肖像画がつくられたが、直ちに販売中止となった。中国を代表する政府は、国民政府であったが、ソ連軍は中国共産党と通じていたからである。

一九四五年十一月七日のソ連革命記念日にはスターリンの肖像画とともに、毛沢東のそれが掲げられた。大連の中国人社会の権力は、共産党によって掌握されていた。石堂によれば、一九四六年のメーデーには、孫文、毛沢東、周恩来、朱徳の肖像画が掲示された。渡辺政之輔、徳田球一、野坂参三もあった。渡辺政之輔とはかつての日本共産党の委員長だ。

一九四五年十月十日に蔣介石と毛沢東との間で交わされた停戦協定が破綻し、国共の内戦がはじまるのは一九四六年六月のことである。第二次世界大戦終結後、国民党は旅大を統治することはついぞなかった。内戦前、中国の大半の地域を支配していたのは国民党だったが、ソ連軍は、一九四六年三月から五月にかけての東北（満洲）撤収の折、国民党には撤退情報を提供せず、中国共産党がその地を引き継ぐこととなる。それ以前、ソ連軍は、満洲の工場を解体し多くの資材を運び去っていた。その理由は、「国民党軍部は、これら全部を反人民解放軍戦、反解放区戦に用いる腹であった」からとした（О・Б・ボリーソフ、Б・Т・コロスコフ『ソ連と中国』）。関東軍から接収した武器も中国共産党に供与された。

そもそもソ連の正史では、「軍国日本が急速に降伏したのは、ソ連軍が日本陸軍最強の関東軍を瓦解せしめたためであり、アメリカが広島、長崎に原爆を落としたためではない」という（前掲書）。後段の正否は別にして、前段の事実認識は疑わしい。関東軍はかなりの兵力が南方に転用されており、「最強」とは言えなかったからだ。

戦時下、国民党は首都を重慶に置き、その直轄部隊は中国西南に展開していた。共産党の軍は主に華北にいた。なぜ、中国共産党が国共内戦に勝利しえたのか、その理由の一端は、東北におけるソ連軍との協力にもとめることができる。共産党は「北進南防」という戦略をとり、東北奪取が国共内戦の要となると位置付けていた。その際に、関東州の生産力が大きな支えになる。ソ連軍は、大連において、旧満州ほど工場の解体、施設のソ連への移送をおこなっていない。旅大は自らの手中にあり、国民党による「反人民解放軍戦」に使用される心配がなかったからだ。そのようにして、中国共産党は東北を制圧し、それが内戦の勝利、中華人民共和国の建国へとつながっていく。

では、人民共和国建国後の旅順は、中国共産党にとっていかなる存在だったのか。毛沢東は建国まもない一九四九年十二月に訪ソし、モスクワに二か月滞在する。その間、一九五〇年一月二十二日のスターリンとの会談では旅順に言及している。スターリンは、対日平和条約が結ばれるまではソ連軍は旅順から撤退すべきでないと語っている。対して毛沢東は、旅順は中ソ協力の軍事基地であり、大連は経済協力の基地だと返答している（逄先知他『毛沢東年譜一九四九－一九七六（一）』）。

その一か月後に結ばれたのが中ソ友好同盟相互援助条約であり、あわせて、長春鉄道、旅順、大連に関する協定も交わされた。そこでは、ソ連軍の旅順からの撤退は、遅くとも一九五二年末までにおこなうとされた。スターリンがなにより恐れたのは、日本による旅順の奪還だった。他方、毛沢東がもとめたのは、経済援助だった。ソ連から中華人民共和国に三億ドルの借款が供与されることとなった。

一旦決まった撤退だったが、一九五二年三月二十八日に毛沢東はスターリンに、旅順に留まるよう懇請する。同年七月二十六日、スターリンに宛てて、旅順撤退の延期を明記した新協定を結びたいとする電報が作成された。電文は周恩来が起草し、毛沢東の決裁を経て、翌日に発出された（前掲書）。一九二〇年代以降、旅大回収は中国の民族運動の象徴だった。中国共産党とて同じ立場だった。それをおして、毛沢東、周恩来は外国軍の駐留継続を懇願したのである。その決断をうながしたのは、米国と日本だった。

米国による日本の占領政策が中途で転換があったことはご存じの通りである。当初の非軍事化から、経済の自立化に重点が置かれるようになった。ドッジによる経済の安定策がその代表である。経済のみならず、極東における日本の役割、特に軍事的機能も変化を来すこととなる。

一九四八年、中国共産党の勝利が決定的となっていた。中国大陸の情勢は米国が望まない方向に動いていた。人民共和国建国の翌年一月には米韓軍事協定が結ばれる。同年六月二十五日に北朝鮮軍が三十八度線をこえた。日本にあった占領軍は朝鮮半島へと出兵する。その空白を埋めるために誕生したのが警察予備隊だった。

吉田茂は講和の核心は米軍の基地にあると考えた。そのために、講和条約と日米安全保障条約が一対として構想されたのである。サンフランシスコで講和条約が締結された九月八日、日米安全保障条約が調印される。その第一条で、米軍の配備を日本政府が許可することが記され、第二条では、その権利は第三国に対して認めないと明記されていた。三条には、在日米軍駐留の仔細は行政協定により決められると記された。その第三条に基づき、翌年二月二十八日に締結されたのが、日米行政協定だった。日米行政協定では、米軍人及び軍属に対する裁判管轄権は米軍に付与された。米国軍人とその関係者を日本の司法が裁くことはできないのである。その他、米軍に与えられた権利は広範で、はなはだ平等性に欠けるものとなった。

当時、日本共産党は、行政協定を「日本の主権を完全に米国に売渡した国辱協定」と批判したが(一九五二年二月二十九日朝日朝刊)、そのような見方は左派のみならず、民族主義者も共有するものだった。日米行政協定の後進が、日米地位協定である。

毛沢東がスターリンに宛てて、旅順から撤退せぬよう依頼したのは、その行政協定が調印されたひと月後のことだ。スターリンは同意の返電をする。

では、新協定の提案をした一九五二年七月二十六日とはいかなる日か。その日に、「施設・区域協定（行政協定に基く日本国政府とアメリカ合衆国政府との間の協定）」が締結されたのだ。それによって、日本における米軍の施設、区域が決められたのである。今「施設、区域」と書いたが、それは「基地」のことである。が、当時、基地という言葉は回避された。施設・区域協定の調印によって何が起こったのか。「占領軍」が「駐留軍」に変わったのである。その施設（基地）は、六百箇所あまりあり、うち三百箇所が無期限の使用となった。占領時から縮小された施設もあったが、主要な飛行場と演習場は拡張された。

しからば、占領軍と駐留軍の違いとは何か。占領軍の任務は日本の非軍事化、民主化にあった。占領によって旧軍は解隊され、天皇は人間となり、国民主権の新憲法が誕生し、戦犯は裁かれた。その後の極東情勢に眼を向けると、中華人民共和国が誕生し、朝鮮戦争が勃発した。それにともなって誕生した駐留軍は、極東における平和と安全の維持にあった。それはつまるところ、米国のプレゼンスの確保だ。

日米安全保障条約がうたう敵対的行為の範囲は、「日本区域」とされたが、それは双方の協議によって判断されることとなった。公海のみならず、台湾海峡、中国本土、ソ連領内も日本区域に拡大されるかもしれない。日米安全保障条約とそれに付随する行政協定によって、米国の軍事力は、アリューシャン列島から日本列島を経て、沖縄、さらに台湾、フィリピンへつながる線に及んだ。中華人民共和国が不安を抱く理由はここにある。それが、毛沢東がスターリンに撤退延期の協定調印を依頼した理由だ。日米安保によって沖縄は本土から切り離される。象徴的な言い方をすれば、中華人民共和国にとっては、沖縄が「旅順」となったのである。

施設・区域協定を報ずる中国共産党中央の機関紙・人民日報は、六百箇所にのぼる日本全土の代表的「基地」を示し、それは日本人民が負担する巨額の「防衛負担金」によって維持されており、「このようなアメリカの日本の領土主権に対する横暴な侵略は、日本民族の自尊を最大限に穢すことである」と書いた（一九五二年九月二十三日人民日報）。

施設・区域協定は、日本全土の「基地化」を意味した。その基地の防衛範囲には、東アジア全域がふくまれた。かつて、日清戦争後、ロシアが旅順を軍港として、極東に軍事拠点を築いたことに、日本人が恐怖を抱いたのと同様に、中華人民共和国が日本に対してそのような不安を抱くようになったのだ。かつての民族運動の象徴である「旅大回収」を反故にしても、延期を所望する理由はそこにあった。

日露戦争を記念することは……

この章の最後に、なぜ旅順は中国に返還されたのか、その経緯を述べておかねばならないだろう。一言で言えば、「雪解け」にあった。それを導いたのは、一九五三年三月五日のスターリンの死であり、同年七月二十七日の朝鮮戦争の停戦合意だった。

翌一九五四年、後継となったフルシチョフは中華人民共和国を訪問する。人民共和国は建国五周年を迎えていた。旅順返還は、蜜月時代にある中国への土産であり、それはまた、冷戦の緊張が解かれる中、旅順の軍事的重要性が低下した証でもあった。

ソ連軍は旅順を撤退する際に三つの記念碑を建てた。ひとつがソ連軍勝利記念塔だ。それは対日戦十周年を記念してつくられたものだ。一九五五年九月に竣工した。その塔の先には、赤い星と麦穂があしらわれていた。そのことは「はしがき」で述べた。

博物館前広場に建造されたものが、中ソ友好記念塔だ。一九五五年二月に起工、二年後に落成している。ソ連軍烈士陵園にも記念塔が建てられた。そこは、かつて乃木希典が「K.NOGI」のイニシャルを施した鞄をもって訪れた場所である。

ソ連軍は旅順進駐後、ロシア人墓地を拡張し、駐留軍人やその家族、さらに、朝鮮戦争で戦死した兵士を埋葬した。なお陵墓は、その後に起こった中ソ対立で、荒れるにまかされていたが、八〇年代末から和解がすすむと、再び整備されることとなる。二〇一〇年には、大統領だったメドベージェフが参拝している。

ひとつだけ、興味深い史実を記しておきたい。前掲の「第二次世界大戦終結期の中ソ関係 旅順、大連問題を中心に」(石井明)で知ったことだが、旅順撤退にあたって、ソ連軍は旅順に日露戦争の記念碑を建造したいと申し出た。中国の資料でその経緯を確認する。

フルシチョフは訪中の折に旅順にも足を伸ばしている。その際、記念物の建造を指示した。そこには日露戦争の記念碑もふくまれていた。ソ連駐留軍は旅大共産党委員会に、一九四五年の抗日戦争勝利の建築物とあわせて、日露戦争時の旅順要塞司令官コンドラチェンコとマカロフの記念碑を建てたいと申し出たのである。マカロフとは、石川啄木が「追悼の詩」を書いたあのマカロフである。費用はすべてソ連側が負担する、とのことだった。

旅大から連絡を受けた中国共産党中央はその提案を一旦受け入れる。しかし、翌年一月、総理の周恩来はソ連大使に、日露戦争記念碑の建造を、「十分に理解できたわけではない」とし、中央で検討する、と述べるのだ。その翌月、周恩来はソ連大使に、抗日戦争、つまり、第二次世界大戦の記念物を建造することには同意するが、「我々が日露戦争の人物や戦績を進んで記念することは不適切だと思う」と述べ、ソ連の提案を断るのである。

では、「進んで記念することは不適切」とは何を意味するのか。周恩来は一九五五年一月のソ連大使との会談で、「十分に理解できたわけではない」ことを伝えた際に、日露戦争の評価は、レーニンと「ソ連共産党（ボリシェビキ）歴史小教程」によって、すでに下されている、と述べている。レーニンの日露戦争観は、第五章で述べた通りだ。それは、第四章に記したアナトール・フランスの認識に近いものだった。

「ソ連共産党（ボリシェビキ）歴史小教程」の日露戦争評価とはいかなるものか。歴史小教程は、スターリンの指示のもと一九三八年に出されたソ連共産党の歴史的使命を明らかにした文書だ。その日露戦争のくだりを要約すると、帝政ロシアは、十九世紀以来、帝国主義間の闘争にくわわり、満洲に「黄色のロシア」を建てようとした。そこで、「もうひとりの強盗」たる日本とぶつかる。それが日露戦争だ。だが、日露戦争に対して、メンシェビキとボリシェビキは異なる態度をとった。メンシェビキは、祖国防衛論の立場だった。つまり、帝政ロシア支持である。しかし、ボリシェビキはそうではなかった。

レーニンとボリシェビキは、これとは反対に、この略奪戦争でツァー政府が敗北すれば、ツァー制度が弱まり、革命が強まることとなるから、それは有益であると、とみていた。ツァー軍隊の敗北は、広範な人民大衆の前にツァー制度の腐敗ぶりをあばきだした。ツァー制度に向けられた人民大衆の憎しみは、日ごとにはげしくなっていた。旅順港の陥落は専制制度陥落のはじまりである、とレーニンは書いている。ツァーは、戦争によって革命をつぶそうと考えていた。だが、ツァーのえたものは反対の結果であった。日露戦争は、革命をはやめたのである。

（ソビエト連邦共産党『ソ連共産党（ボリシェビキ）歴史小教程』）

この日露戦争の節では、「血の日曜日」に触発された工場ストライキまでを描き、「ロシアでは革命がはじまった」という文で終わる。つまり、当時のボリシェビキの日露戦争観は革命の起爆剤となった、というものだった。しかし、フルシチョフの提案はそれとは異なるものだったのである。

周恩来は、日露戦争の記念碑建造はあきらかにレーニンや「歴史小教程」の歴史認識に反すると感じたことだろう。ソ連は社会主義国家でありながらも、そこには、帝政ロシアを継承する心性がある。当時、多くの経済援助を受けていたソ連に対して、そこからの申し出を言下に拒否するわけにはいかない。「一辺倒」、つまり、ソ連依存の時代だからだ。ゆえに時間をかせぎ、「進んで記念することは不適切だと思う」という婉曲な文言で断った、と解釈できる。

一辺倒について補足をすると、武田雅哉によれば、一九五〇年代の中国の連環画のほとんどはロシア・ソ連に関わるもので、そこでソ連は、「あにき」、時に「あねご」といった年長者として描かれている、という。連環画とは、絵入りの物語本、いわば漫画のようなものだ。また、旅大のソ連人をあつかった連環画を分析した田村容子によれば、そこにおける中国人とソ連人との関係は、多く疑似家族として描かれているというのだ。中国にとってソ連は、何かと面倒を見てくれる年長の親族であり、直言がはばかられる存在だったと言えるだろう。日露戦争の記念碑建造の拒否は、それをおしてのものだったのだ。

旅順は一九五五年以降も、中国海軍の軍港として使用された。先にソ連の提案をこばんだ同じ理由で、日本が建てた記念碑をあえて壊す必要もなかったということなのだろう。但し、納骨祠は人民共和国建国後に撤去されている。旅順返還後、日露戦争に関わる歴史的建造物には手をかけない。その後、中ソ対立が深まる中でも、帝国日本の残滓をそのままにしておくことが、中国にとって都合の良い選択ということだったのではなかろうか。なお、文化大革命時代に、乃木保典の戦死碑は紅衛兵によって壊され、それは後に再建されている。

その意図の背後には、周恩来の、そして毛沢東の両義的、多義的な日本観があったと想像するが、今私は、それを充分に明らかにする材料を持ち合わせていないので、そうだったのではないか、という推測を記しておくことにとどめておく。

いずれにしても、大日本帝国とソヴィエト社会主義共和国連邦というもはやこの世には存在しない二つの国家が建造した記念物が、旅順にのこされたのである。それによって、日本が能動的に関わった東アジアの近代とはいかなる時代であったのか、そのことを私たちは、ロシア、中国、米国、そしてソ連をふくめた多国間関係の中で、実感することができるのである。

本来はここで本書を終えたほうが良いのかもしれないが、もうひとつだけ、書きもらしたことを記しておくこととする。水野廣徳のその後だ。

中国での戦線拡大とともに、軍部の圧力も強まり、水野は持説を開陳する場がなくなった。無聊の慰めは、松下芳男との手紙のやりとりだった。そこには時局に対する憤懣がしたためられていた。

敗戦の年、水野は齢七十を超えていた。体の不調もあり、その年の四月に東京三軒茶屋から、愛媛県に疎開する。転居先は、今治から船で渡る大島だった。農作業にはげんだ。八月十六日付の松下宛の私信を引く。「壇の浦は遂に来ました。豫《かね》て期したところとは云へ、日本民族百年の奴隷を思へば、感慨無量、悲痛の極みであります」。あわせて、戦時につくった自らの歌を引く。

甲は曰ふ「軍閥の横暴あまりに烈しくば　戰へよ而して敗れよとさへ思ふ」
乙は曰ふ「軍閥の横暴如何に烈しくも　戰敗れよと我は思はじ」
丙は曰ふ「甲と乙是非は言はねど軍閥の　驕れる國は必ず破る」
今更軍部の暴慢を責めたところで致方ありませんが、日本今日の悲運は軍部をして驕らしめたる者の罪であります。
（『水野廣徳』）

軍とその驕慢を許した日本社会への屈折した思いがつづられている。

水野はその二か月後に、腸閉塞を起こし、今治へと渡る船のエンジン故障で、手術が遅れ、帰らぬ人となった。東京をはなれる前の正月、松下が三軒茶屋の家に年賀に訪れた際、水野は以下のように語っている。
豫言者らしくいうわけではないが、この戰争は、早ければ半年、遅くともこの秋までには必ず終るであろう。その終る動因としては、ソ聯の動きが考えられる。

日米未来戦記と同様に、その予測は的中することとなった。それを言わしめたのは松下も指摘する通り、日露戦争での水雷艇による戦闘体験であり、その後の欧州での見聞であり、第一次世界大戦後の国際情勢への目配りだったのであろう。

大連出張の楽しみのひとつにウニとヒラメがあった。日本料理屋で賞味することができた。中国の関係先が開く宴席でも出されていた。刺身は一般の家庭でも食べられているとのことだった。

大連にはウニやヒラメ以外にも、租借地のなごりがあった。ワイシャツは「ワンシャーズ」と発音する。漢字では「晩霞子」と書き、そのピンインは「wanxiazi」だ。かつて日本人の、まさにホワイトカラーが着ていたシャツが語源なのだろう。「馬葫芦（mahulu）」はマンホール。下水道もその時代を起源とする、ということなのか。

薄熙来《はくきらい》は大連の要職にあった折、日系企業の投資を積極的に呼びこんだ。結果、多くの日本企業が進出する。第四章で述べた展示会の仕事も、その時のことだ。日系企業の大連進出をささえたインフラのひとつに、豊富な日本語人材があった。日本語教育を牽引したのは、大連外国語学院（現大連外国語大学）だ。

大連外語の前身は、一九六四年に創建された大連日語専科学校である。周恩来の発案だった。中華人民共和国は建国当初、外国語に通じた人材が不足しており、日本語は大連に、ロシア語はハルビンに、英語は上海に、それぞれ教育拠点を置くこととした。言うまでもなくそれは、過去の負の遺産による地域の選定である。

いま私は、「過去の負の遺産」と軽々しく書いたが、その三都は「瓜分」と呼ばれる中国分割の象徴であり、蔣介石が語る国家の恥辱そのものだった。そこに「半植民地」を建設した国の言語を教える学校をつくるのである。建国当初の中華人民共和国という国の合理的な思考がうかがえる事象である。

学生時代、大連外国語学院が編集した『新日漢詞典』をつかっていた。『新日漢詞典』は、日本で出版された日中辞典に比して収録語数が多かった。当時は意識しなかったが、それもまた租借地の遺産ということとなる。『新日漢詞典』の初版は一九七八年、国交回復を受けて、満洲で生まれ育った日本語研究者によって、辞書は編纂されたのであろう。

大連には現在、日本語のコールセンターがあると聞く。みなさんが〇一二〇からはじまる番号をダイヤルした際、オペレーターは大連にいるかもしれない。大連のコールセンターもまた、乃木希典や東郷平八郎と無縁ではないのだ。

但し、これまでの話はこの本を書こうと思いたった下地の話である。直接のきっかけは、二〇一三年に北海道大学の仕事で大連に滞在していた時、当時、北大北京事務所長だった鈴木賢さんから、「二〇三高地に乃木保典の戦死碑がのこっていた」という話を聞いたことに端を発する。大連をはなれる日に、タクシーのトランクに荷物を積んで旅順をまわった。二〇三高地の山頂から少しくだったところに、「乃木保典君戦死之所」と書かれた碑があった。その前にはコインが数枚置かれていた。ただ、その台座は新しくつくられたように見えた。その時は、旅順が日本人観光客を迎え入れる際に修復され、碑がかさ上げされたのだろう、と考えていた。

碑が再建されたものであることを教えてくれたのは、『大連・旅順 歴史ガイドマップ』の著者の一人・木之内誠さんだ。文化大革命の折に後衛兵によって破壊され、その後、つくりなおされたのだという。元のものは、京都大学のアーカイブで見ることができる。私の撮った写真と見比べると、「之」の字が明らかに違う。なぜ再建されたのか。『坂の上の雲』による日本人インバウンドをあてこんだのか。ご存じの方がいたらご教示願いたい。

前著『第七師団と戦争の時代』を書いている時、櫻井忠温と水野廣徳の日露戦記を読んだ。水野が、第一次世界大戦の実際に触れて、「思想の大転換」がおこったことを知り、旅順戦体験者の日露戦後に興味を抱くようになった。

櫻井の日露戦争回想記「草に祈る」の最終回に添えられた絵が、表忠塔の展望台の電灯であったことはすでに書いた。その絵を眼にした瞬間も、乃木保典の碑の話を聞いた時と同様、異様に気持ちが高ぶった。

乃木、東郷をふくめた多くの日本人が、表忠塔の展望台に立っている。これまでどれだけの人が、あの狭い港口を眺め、旅順戦を回顧したことだろう。近代日本の発展と蹉跌はここからはじまったのだ。

白玉山塔（表忠塔）には尋常ならざる気配がただよっていた。爾霊山塔もしかり。旅順という街全体が妖気に満ちているように感じられた。おそらく、旅順博物館に展示されていたミイラが、そのような感情を抱かせる要因のひとつになっていたのだろう。ミイラは大谷探検隊が西域で発見したものだ。

札幌に戻ってからのことだが「野戦攻城の志」という言葉を思い出した。「野戦攻城の志を失わない」とは、橋川文三が語っていた自戒だという。鶴見俊輔が「思想の科学」の追悼号編集後記に記していた（一九八四年六月臨時増刊号「橋川文三研究」）。その言は、乃木希典が太平の時代にあって野戦攻城の志を持ち続けたことに由来するという。その契機のひとつは二一二頁で引いた漢詩の通り、旅順攻囲戦にあった。

鶴見の乃木への言及は、橋川がかつて「思想の科学」に寄稿した「乃木伝説の思想」によるものであろう。そこで橋川は、乃木が明治国家の創出過程に殉じ、制度化された帝国日本を受け入れなかった、という趣旨のことを述べていた。

学生時代になにげなく触れたこの言葉の重みを、私は三十も半ばを過ぎたあたりで実感するようになった。

日本は日露戦争に辛勝し、旅順、大連、満鉄という「まもるべき城」をもってしまった。文字通り「帝国」となったのである。その「まもるべき城」をもったということが、その後の歴史に多大な影響を与える。その権益擁護が第一義となり、さまざまな無理が生じるのだ。その最たるものが、第二次世界大戦後、太平洋へと影響力を拡大した米国との軋轢であろう。

ソ連邦もまたロマノフ王朝という帝国の幻影にあったことは本論で見てきた通りであり、米国も第二次世界大戦を経て新たな帝国となった。

本書の扱う領域から逸脱する言となるが、現下の国際情勢を見るに、帝政ロシアが抱えた夢魔はロシア共和国を拘束しているし、習近平の説く中華文明もまた王朝の幻想の中にあるように見える。「帝国の時代」は半世紀で終わることなく、その後も継続しているのではなかろうか。

本書のもととなる原稿は、白水社のウェブサイト「web ふらんす」に連載したものである。但し、前回の連載「「北鎮」の墓碑銘」同様に頓挫してしまい、連載を読んでいただいた方には申し訳ないこととなってしまった。

元朝日新聞社の田村宏嗣さんには、連載中に毎回丁寧なコメントを頂戴し、また、北京大学に留学されていた折の写真を提供いただいた。いまだ旅順が外国人に開放されていない時代の貴重な写真である。

編集は『吉田満 戦艦大和学徒兵の五十六年』『第七師団と戦争の時代』同様に竹園公一朗さんだ。企画段階から水先案内をお願いした。「web ふらんす」連載中は小池奈央美さんの手をわずらわせた。組版を担当された鈴木さゆみさん、素敵な表紙をデザインしていただいたコバヤシタケシさんをはじめ、この本が書店にならぶまでにお世話になった方々に心からのお礼を申し上げたい。

最後に本書を手にとっていただいた方に感謝をお伝えする。史実の誤認もあるだろうし、その解釈に疑義をもたれる方もいるかもしれない。お気づきの点があれば、お寄せいただければ幸いである。

二〇二三年十二月

渡辺浩平

参照文献

なお、国立国会図書館では、絶版等で入手困難なものをデジタルコレクションとして公開しており、下記文献の一部も閲覧可能である。

あ行

愛新覚羅顕琦『清朝の王女に生れて 日中のはざまで』中央公論新社（文庫）、1990年
阿部博行『石原莞爾 生涯とその時代』上下、法政大学出版局、2005年
雨宮朝四良『満鮮忠魂碑巡礼記 義手義足で戦蹟巡り』残桜会、1925年
（上記以外に残桜会の戦蹟巡礼記には下記の2冊があり、若干の異同があるが内容はほぼ同じ。仁田脇善一『戦蹟旅行記 日清日露戦役・満鮮戦死者追悼』残桜会、1925年、残桜会『戦蹟旅行記 日清日露戦役満鮮戦死追悼』残桜会、1925年）
新井達夫『加藤友三郎』時事通信社、1958年
有馬学『「国際化」の中の帝国日本』中央公論新社（文庫）、2013年
粟屋憲太郎、前坂俊之、大内信也編集〈新装版〉『水野廣徳著作集』雄山閣、2017年（第1巻日露戦記、第2巻渡欧記、第3巻日米未来戦記、第4巻評論Ⅰ、第5巻評論Ⅱ、第6巻評論Ⅲ／書誌、第7巻評論Ⅳ／日記／書簡、第8巻自伝／年譜）
池宮城陽子『沖縄米軍基地と日米安保 基地固定化の起源 1945–1953』東京大学出版会、2018年
石井明『中ソ関係史の研究 1945–1950』東大出版会、1990年
石井明「第二次世界大戦集結期の中ソ関係 旅順・大連問題を中心に」江夏由樹、中見立夫、西村成雄、山本有造編『近代中国東北地域史研究の新視角』山川出版社、2005年
石川佐中『関東神宮 悲劇の三百二十二日』私家版、1987年
石黒忠悳『懐旧九十年』私家版、1936年
石堂清倫『大連の日本人引揚の記録』青木書店、1997年
石原莞爾『世界最終戦争論』中央公論新社（文庫）、2001年
石原莞爾『戦争史大観』中央公論新社（文庫）、2019年
伊藤武一郎『満洲十年史』満洲十年史刊行会、1916年
伊藤嘉啓『石原莞爾のヨーロッパ体験』芙蓉書房出版、2009年

稲葉正夫、小林龍夫、島田俊彦、角田順『太平洋戦争への道』別巻、資料編、朝日新聞社、1963年
猪瀬直樹『黒船の世紀 〈外圧〉と〈世論〉の日米開戦秘史』角川書店（文庫）、2017年
入江曜子『貴妃は毒殺されたか 皇帝溥儀と関東軍参謀吉岡の謎』新潮社、1998年
入江曜子『溥儀 清朝最後の皇帝』岩波書店、2006年
上田恭輔『旅順戦蹟案内の記』満洲日日新聞社、1927年
セルゲイ・ウイッテ『ウイッテ伯回想記 日露戦争と露西亜革命』上、原書房、2004年
J・M・ウィンター『20世紀の歴史14 第一次世界大戦』下、平凡社、1990年
スタンレー・ウォシュバン『乃木大将と日本人』講談社（学術文庫）、1980年
宇垣一成『宇垣一成日記』第2巻、みすず書房、1970年
江口渙「中尉と廢兵」鈴木貞美『モダン都市文学Ⅷ プロレタリア群像』平凡社、1990年
NHKドキュメント昭和取材班編『ドキュメント昭和 皇帝の密約』角川書店、1987年
太田阿山『福島将軍遺績』東亜協会、1941年
大庭景秋『柯公全集』第5巻、柯公全集刊行会、1925年
大濱徹也『乃木希典』講談社（文庫）、2010年
大山梓『日露戦争の軍政史録』芙蓉書房、1973年
小笠原省三『海外神社史』上巻、海外神社史編纂会、1954年（復刻版、ゆまに書房）
緒方貞子『満州事変 政策の形成過程』岩波書店（文庫）、2011年

か行

海軍軍令部『明治三十七八海戦史』第1巻〜第4巻、春陽堂、1909年
風間秀人「政軍都市・旅順の成立とその変遷」坂根嘉弘『軍港都市史研究Ⅵ 要港部編』清文堂、2016年
加藤聖文『満鉄全史』講談社、2006年
加藤高明伯伝記編纂会『加藤高明』下、原書房、1960年
加藤元帥伝記編纂委員会『元帥加藤友三郎傳』中国新聞社、1928年
鹿野琢見『法のまにまに』海竜社、1982年
上坂冬子『男装の麗人 川島芳子』文藝春秋（文庫）、1988年
川島芳子『動乱の蔭に 私の半生記／川島芳子獄中記』（影印本、大空社、1997年）
河田宏『第一次世界大戦と水野広徳 ヴェルダンの罌粟の花』三一書房、1996年
川田稔『昭和陸軍全史』1 満州事変、講談社、2014年
木ノ内誠、平石淑子、大久保明男、橋本雄一『大連・旅順 歴史ガイドマップ』大修館書店、2019年
木場明志、程舒偉『植民地期満洲の宗教』柏書房、2007年
清岡卓行『アカシヤの大連』講談社（文庫）、1988年

清岡卓行『大連小説全集』下、日本文芸社、1992年
極東軍事裁判所『極東軍事裁判速記録』第1巻、雄松堂、1968年
宮内庁『明治天皇紀』第11巻、第12巻、吉川弘文館、2001年
宮内庁『昭和天皇実録』第4巻、東京書籍、2015年
宮内庁『昭和天皇実録』第7巻、東京書籍、2016年
久野収、鶴見俊輔『現代日本の思想』岩波書店（新書）、1956年
栗原健『対満蒙政策の一面』原書房、1966年
郡司淳『軍事援護の世界』同成社、2004年
軍人会館事業部『三十周年記念 日露戦役回顧写真帖』東京日日新聞社、大阪毎日新聞社、1935年
公主嶺小学校同窓会『満洲公主嶺 過ぎし四〇年の記録』公主嶺小学校同窓会、1987年
厚生省『傷痍軍人に捧ぐ』厚生省、1938年
幸徳秋水『幸徳秋水全集』第5巻、日本図書センター、1994年（復刻版）
国際政治学会、太平洋戦争原因研究部編『太平洋戦争への道』開戦外交史 第1巻満州事変前夜、朝日新聞社、1963年
小林龍夫、島田俊彦『満州事変』現代史資料7、みすず書房、1964年
小林龍夫、島田俊彦、稲葉正夫『続・満州事変』現代史資料11、みすず書房、1965年
近藤喜博『海外神社の史的研究』明世堂書店、1943年

さ行

榊谷仙次郎『榊谷仙次郎日記』榊谷仙次郎日記刊行会、1969年
櫻井忠温「草に祈る」『櫻井忠温全集』第4巻、誠文堂、1931年
櫻井忠温「顔（自叙歴）」『櫻井忠温全集』第6巻、誠文堂、1931年
佐々木英昭『乃木希典 予は諸君の子弟を殺したり』ミネルヴァ書房、2005年
佐高信『石原莞爾 その虚飾』講談社（文庫）、2003年
佐藤垢石『謀略将軍 青木宣純』墨水書房、1943年
アイリーン・スナダ・サラソーン『The一世 パイオニアの肖像』読売新聞社、1991年
篠原昌人『陸軍大将 福島安正と情報戦略』芙蓉堂書房、2002年
柴五郎、服部宇之吉『北京籠城、北京籠城日記』平凡社、1965年
司馬遼太郎『ロシアについて』文藝春秋（文庫）、1989年
司馬遼太郎『坂の上の雲』八、文藝春秋（文庫）、1999年
島田俊彦『関東軍 在満陸軍の独走』講談社（文庫）、2005年
ジュリアン・ジャクソン『シャルル・ドゴール伝』上、白水社、2022年
人民教育出版社歴史室『入門 中国の歴史 全国中学校歴史教科書』（世界の教科書シリーズ5）明石書店、2001年
人民教育出版社歴史室『中国の歴史 中国高等学校歴史教科書』（世界の教科書シリーズ

11』明石書店、2004年
匝瑳胤次『第三回旅順閉塞作戦秘話』東京水交社、1934年
匝瑳胤次『深まりゆく日米の危機』精文館、1932年
曾田勉『川島浪速翁』文粋閣、1936年(影印本、大空社、1997年)
ソビエト連邦共産党『ソ連共産党(ボリシェビキ)歴史小教程』東方書店、1971年

た行

平良好利『戦後沖縄と米軍基地 「受容」と「拒絶」のはざまで 1945〜1972年』法政大学出版局、2012年
大連市役所『大連市史』大連市役所、1936年
竹内好、橋川文三編『近代日本と中国』下、朝日新聞社、1974年
武田雅哉「よい熊さん わるい熊さん 中華人民共和国の図画像資料に見えるロシア・ソ連イメージ」望月哲男『ユーラシア地域大国の文化表象』ミネルヴァ書房、2014年
田村容子「となりのソ連人 中ソ友好連環画の「家族」たち」『連環画研究』第10号、北海道大学中国文化論研究室、2021年
掉尾会文集編集委員会『掉尾を飾る 最後の旅順工科大学予科生の記録』掉尾会、1990年
弦木悌次郎『旅順戦蹟史』川流堂小林又七商店、1914年
鶴見俊輔、吉田満「「戦後」が失ったもの」『諸君!』1978年8月号、文藝春秋
鶴見俊輔『戦時期日本の精神史』岩波書店、1982年
鶴見祐輔『後藤新平』第2巻、後藤新平伯伝記編纂会、1937年
鄭成『国共内戦記の中共・ソ連関係』お茶の水書房、2012年
東方通信社調査部『華府会議大観』東方通信社、1922年
富永孝子『大連 空白の六百日』新評論、1986年
外山三郎『日露海戦史の研究』上、教育出版センター、1985年

な行

中島武『大正の海軍物語』三友社、1928年
中山隆志『関東軍』講談社、2000年
新田光子『大連神社史』おうふう、1997年
日本国際問題研究所中国部会『新中国資料集成』第3巻、日本国際問題研究所、1969年
乃木神社社務所『乃木希典全集』中、下、国書刊行会、1994年

は行

橋川文三『黄禍物語』岩波書店（文庫）、2000年

秦郁彦『日本陸海軍総合事典』（第2版）、東京大学出版会、2005年

平山周吉『満洲国グランドホテル』藝術新聞社、2022年

溥儀『わが半生』上下、筑摩書房、1965年

藤村安芸子『石原莞爾 愛と最終戦争』講談社（文庫）、2017年

アナトオル・フランス『白き石の上にて』白水社、1950年

ジャン＝ジャック・ベッケール『第一次世界大戦』白水社、2015年

ジャン＝ジャック・ベッケール、ゲルト・クルマイヒ『仏独共同通史 第一次世界大戦』上下、岩波書店

防衛庁防衛研修所戦史室『関東軍〈1〉対ソ戦備、ノモンハン事件』朝雲新聞社、1969年

細木重辰「板垣征四郎」『帝国陸軍将軍総覧』（特別増刊『歴史と旅』9／10号）、秋田書店、1990年

藤原彰「青木宣純と佐々木到一」竹内好、橋川文三編『近代日本と中国』下、朝日新聞社、1974年

O・Б・ボリーソフ、Б・T・コロスコフ『ソ連と中国 友好と敵対の関係史』上、サイマル出版会、1979年

ま行

益井康一『漢奸裁判史』みすず書房、1977年

松重充浩、木ノ内誠、孫安石『大連旅順観光案内』（近代中国都市集成第41巻）、（復刻版、ゆまに書房、2017年）

松下芳男『水野廣徳』四州社、1950年

松下芳男『乃木希典』吉川弘文館、1960年

松田英里『近代日本の戦傷病者と戦争体験』日本経済評論社、2019年

満鉄会『満鉄四十年史』吉川弘文館、2007年

水野久直『明治天皇御尊像奉遷記』赤間神社社務所、1966年

水野廣徳『此一戦』博文館、1911年

水野廣徳著作刊行会『反骨の軍人水野廣徳』、経済往来社、1978年

三谷太一郎『日本の近代とは何であったのか』岩波書店（新書）、2017年

南満州鉄道株式会社総裁室弘報課『南満洲鉄道株式会社三十年略史』南満州鉄道株式会社、1937年

南満州鉄道株式会社調査課『露治時代ニ於ケル関東州　露国占領前後ニ於ケル大連及旅順』（近代中国都市集成第26巻）、1911年、1931年（復刻版、ゆまに書房、2016年）

蓑原俊洋『アメリカの排日運動と日米関係』朝日新聞出版、2016年

宮本常一、山本周五郎、揖西光速、山代巴『日本残酷物語』第5巻、平凡社（文庫）、1995年
武藤富男『私と満洲国』文藝春秋、1988年

や行

山下武、山領健二編著『大庭柯公研究資料』大空社、1995年
山室信一『キメラ 満洲国の肖像』（増補版）中央公論新社（新書）、2004年

ら行

旅順戦史研究会『国民必読旅順戦蹟読本』満蒙社、1939年
旅順市役所『聖地旅順』改訂版、旅順市役所、1939年
ウラジーミル・レーニン「旅順の陥落」「壊滅」『レーニン全集』第8巻、大月書店、1955年
ケネス・ルオフ『皇紀二千六百年 消費と観光のナショナリズム』朝日新聞出版、2010年
I・E・ロストーノフ『ソ連から見た日露戦争』原書房、2009年

わ行

渡辺京二『無名の人生』文藝春秋（新書）、2014年
渡辺京二『父母の記 私的昭和の面影』平凡社、2016年

朝日新聞クロスサーチ（デジタルアーカイブ）
ヨミダス歴史館（読売新聞 デジタルアーカイブ）
アジア歴史資料センター（デジタルアーカイブ）

中国語

王軍「赫魯暁夫與旅順口的回帰」『党史縦横』2005年第1期、中国共産党遼寧省委員会党史研究室、2005年
顧明義、張徳良、楊洪范、趙春陽編『日本侵占旅大四十年史』遼寧人民出版社、1991年
中華民国党中央委員会党史委員会編『中華民国重要史料初編　対日抗戦時期　第三編　戦時外交（二）』中国国民党中央委員会党史委員会、1981年
逄先知、中共中央文献研究室『毛沢東年譜 1983–1949』上巻、中央文献出版社、1993年
逄先知、馮蕙主、中共中央文献研究室『毛沢東年譜 1949–1976』１、中央文献出版社、2013年

溥儀『我的前半生（全本)』群衆出版社、2007 年
栾景河『中俄関係的歴史與現実』河南大学出版社、2004 年

人民日報オンライン版（デジタルアーカイブ）
中国学術文献オンラインサービス（CNKI デジタルアーカイブ）

著者略歴

渡辺浩平（わたなべ・こうへい）
一九五八年生まれ。立命館大学文学部卒業、東京都立大学大学院人文科学研究科中国文学専攻修士課程修了後、博報堂入社。北京と上海に駐在。愛知大学現代中国学部講師、北海道大学大学院メディア・コミュニケーション研究院教授を経て、現在、同特任教授、北海道大学名誉教授。専門はメディア論。主な著書に『吉田満　戦艦大和学徒兵の五十六年』、『第七師団と戦争の時代』（以上、白水社）他。

聖地旅順と帝国の半世紀
近代日本の磁場をたどる

二〇二四年一月一五日　印刷
二〇二四年二月一〇日　発行

著者 © 渡辺浩平
発行者 岩堀雅己
印刷所 株式会社三陽社
発行所 株式会社白水社

東京都千代田区神田小川町三の二四
電話 営業部〇三（三二九一）七八一一
編集部〇三（三二九一）七八二一
振替 〇〇一九〇-五-三三二二八
郵便番号 一〇一-〇〇五二
www.hakusuisha.co.jp
乱丁・落丁本は、送料小社負担にてお取り替えいたします。

誠製本株式会社

ISBN978-4-560-09395-5
Printed in Japan